U0031668

99%
從聊天開始

張達偉 Dan Chang 著
李祐寧 譯

Meaningful Small Talk
The Shy Person's Ultimate Guide
to Connecting With Anyone

人際關係，

內向者必備的不尬聊心法
從搭話技術、創造話題到萬用句型，
終結冷場尷尬，和誰都能聊出好交情

獻給我的妻子，翟心慧。
謝謝妳總是相信我，
為我的笑話開懷大笑。

目次
CONTENTS

I
目的：為什麼要聊天？

CHAPTER 1
聊天，是人際關係的起點

CHAPTER 5

聊天時感到不自在，怎麼辦？

III
上場：開啟對話

CHAPTER 6

不知該如何開啟話題時，請這樣做

IV
過程：引起共鳴

V

收尾：留好印象

CHAPTER 10

從陌生到好感，好好接話的技術

CHAPTER 11

終結尬聊！掌握結束聊天的時機與方式

VI
加分技巧：如何避免尷尬的冷場窘境？

VII
精華回顧：聊天，真的有方法可循！

CHAPTER 15
這才是聊天的本質

VIII
實戰：30天全方位閒聊指引

即使內向安靜，
也能享受聊天的快樂

　　一位優秀的作家，懂得簡化複雜的概念，用最簡單的文字，勾起讀者的共鳴。同樣的道理也適用在優秀的對話者身上。尤其對內向害羞的人來說，更需要有效表達自己。在這方面，張達偉（Dan Chang）可謂出類拔萃。曾經也很內向害羞的他，在寫作與聊天這兩件事情上，採取了最質樸的辦法。他在乎的是有意義的共鳴，而不是空泛的閒聊。

　　2015年，達偉因為一個可能的合作機會而找上我，透過網路交流的我們，很快就成為好友——儘管那時候我們根本沒有見過面。經歷了第一次的Skype會議後，我立刻感受到達偉的非同尋常。他不僅是我認識過最讓人喜歡、且最真誠的人之一，在社交技巧方面，也確實無人能及。他甚至透過線上與一對一的訓練課程，

幫助了成千上萬的人，提升社交能力。他運用自己那構築在科學理論之上的務實工具，在聊天的世界裡，開拓了一條康莊大道。

對於害羞與內向之輩可能面對的聊天困境，達偉透過個人經驗與長時間的研究，得出了非常有價值的觀點。他確實懂你。這也是為什麼他的方法，能遠遠超越那些「假裝你很有自信，直到你真的充滿自信」或「笑得再燦爛一點」等老掉牙的建議。

我本人就是典型的內向型人格，因此對於本書主題的重要性，我完全認同。我人生的目標，就是幫助內向者建立自信，開創有意義的人際關係。透過我的網站與暢銷書，我也得以與世界各地的內向者，建立起連結。

儘管每一位生性害羞者都是獨一無二的，但在遭遇到的困難上，卻有諸多相似之處。其中，「掌握輕鬆聊天的方法」絕對是內向型人格最常遇到、且最痛苦的問題之一。內向者和害羞的人迫切渴望與他人產生共鳴，但與此同時，也不希望自己因為這件事而苦悶到憤世嫉俗、或心力交瘁。

或許絕大多數時候，你是安靜、不知道該聊什麼的人，但這本書會教你讓聊天變有趣的工具。倘若10年

前你對我說，有一天，我會將「聊天」與「有趣」兩個詞同時放進一個句子裡，我一定會毫不留情地嘲笑你一頓。但在追隨達偉那有科學根據、且對內向型人格友好的方法後，你真的能開始享受聊天。無論你是誰，都能獲得一份非常清楚且可行的建議，幫助你與他人建立共鳴。我能肯定地告訴你，這絕對會改變你對聊天的態度，並為你的人生推開一扇嶄新的大門。

米凱拉・鍾（Michaela Chung）

暢銷書《The Irresistible Introvert》作者、Introvert Spring 創辦人

你所焦慮的聊天困擾，
這裡有解！

　　歡迎來到《人際關係，99% 從聊天開始》。倘若你正在閱讀本書，意味著你想要改善聊天技巧。你希望能輕鬆地與別人聊天，不再緊張，且能毫不費力地和陌生人產生共鳴，即便你們並無「共通之處」。

　　但很有可能，你就是不知道該如何讓對話繼續下去。你總是無話可說，並害怕自己讓人「感到無聊」。面對新認識的人，你感到緊張、尷尬且渾身不自在。但聊些「輕鬆」的話題，像是天氣或交通等，卻又似乎……浪費人生。你開始恍神，無法假裝自己真的在乎這些漫無目的的閒聊。

　　與此同時，你卻渴望與他人交流。你希望能擁有一些深度、充滿意義的對話。但問題就在於，一開始那段令人尷尬的時光，實在很難克服。於是，你總是感覺自

己被誤解，錯過了無數的朋友、派對與升遷機會。

老實說，我也曾經如此。

我還記得自己小時候——好吧，讓我們坦白一點，還有成年時候，總因為害羞而備受煎熬。面對不認識的人，我總會避免跟他們搭話，因為我不知道該說些什麼。我的大腦會一片空白，總是迅速地就把所有能聊的話題都用光。而且說真的，我認為聊天根本就是在浪費時間。我無法理解聊天。比起聊聊天氣（又是天氣），我情願沉默地坐著。

但大約在10年前，我體悟到這麼做無疑是畫地自限。而我發現深諳聊天之道的人，也是那些能享受社交、廣結朋友並獲得升遷機會者。

我忘不了自己去應徵製藥公司的事。那是我心中的理想工作，工作內容堪稱完美。公司裡的人也很棒。一切都進展得很順利。但接著——登愣！他們邀請我參加午餐面試。毫無意外的，我搞砸了。他們對我說，我「看起來對這份工作毫無熱情」。

噢！我徹底崩潰了。

居然不是因為我不夠聰明、資格不符，或甚至不討人喜歡。而是因為我這個人跟他們不來電。我真的不知

道該如何與人聊天，也不了解怎麼建立連結！不過妙的是，我非常**想要**透過聊天拉近關係，也努力去**嘗試**。但就好像有什麼東西阻礙著我，我卻不知道是什麼。

於是，我決定不顧一切地找出答案。

在經過多年的研究（對，我就是書呆子）與反覆試驗，我終於能驕傲地宣布，我可以在不感到緊張的情況下，與任何人聊天了。我能展開一段對話，甚至樂在其中！而這樣的結果，為我帶來無數的新朋友，甚至改善了我的工作表現。

而且——不，我並沒有改變自我（仍舊很內向且算安靜），只不過是掌握了絕大多數人從來沒有學過的關鍵概念罷了。每次我跟其他人說，自己的個性其實很害羞，絕大多數的人都是一臉**不敢置信**。「什麼？你？害羞？」

這就是我寫這本書的原因。

你不必成為最迷人、最有趣的傢伙。但只需要透過小小的步驟，就能為人生帶來巨大的改變。假如我能做到，那麼你也可以。我並沒有什麼特別之處。只要善用本書的概念，你也能駕馭聊天的力量。

重點在於：不要讓聊天成為你人生的絆腳石。我希

望能教你某些簡單的技巧，讓你學會聊天。而在你讀完這本書的同時，也能成為聊天達人。請想像自己走進一間房間，然後能輕鬆自在地與任何一個人擊出火花。在這本書裡，我會展示如何透過極為簡單且實際的方法，來做到此點。

一開始，我會從基本概念著手，解釋聊天為什麼重要，以及為了取得成效，你需要具備的關鍵思維模式。接著，就會直接切入核心。你總共會接觸到三大部分。首先，我會帶你循序漸進地了解開啟對話的方法。其次，你將學到如何與他人產生共鳴。再來，我會指導你如何給人留下深刻的印象。

在這之後，會有「加分技巧」的部分，專門處理我經常聽到的頭號問題：如何避免尷尬的冷場窘境。你以為這樣就結束了？還沒有呢！本書的最後，還**特別收錄**了〈30天全方位開聊指引〉。這份循序漸進的每日計畫，將會協助你將本書所學，實際套用在日常生活中。聽起來很棒吧？

是的，我非常期待本書能讓你對聊天萌生嶄新的熱誠，帶領你勇敢跨出那一步，拓展人際關係，為人生增添新風貌！

I

目的

為什麼要聊天？

聊天，是人際關係的起點

當你踏出聊天的第一步，你就開啟了通往 99% 人際關係的大門。

大家對聊天的印象真的很糟。當你上網搜尋「聊天」這兩個字，可能會看到這樣的內容：

- 「和陌生人或不熟的人，進行空虛的對話。」
- 「那些你根本不在乎的短暫談話。」
- 「為了填滿那令人尷尬的沉默，而衍生出來的無用且無聊對話。」

因此，當你發現自己在閒聊時，總會忍不住放空、甚至乾脆逃避聊天，其實也沒什麼奇怪。而且，對性格內向或更喜歡沉思的你來說，硬去說些傻話，真的很沒意義。所以，每當你在最初的時候沒能投入進去，就會開始神遊。你的思緒在一個接一個的念頭間遊走，並在不知不覺間，沉浸在自己的小世界裡。聽著，這些我都經歷過。我跟你是一樣的。但倘若我告訴你，聊天絕不僅止於此，你會怎麼想？

聊天不知道該説什麼時，大腦發生什麼事？

首先，我們必須了解大腦。理由是，人的大腦擁有兩種智能，也稱為大腦網絡，其名字分別為：

- 任務正網絡（task-positive network）；
- 任務負網絡（task-negative network），或稱預設模式網絡（default-mode network）。

簡單來說，任務正網絡負責處理任務。它會分析事情運作的機制，也非常善於解決問題。因此，在處理科學、數學與邏輯推理上，便會用到此大腦網絡。你可以把它想成是大腦的分析部門。這也跟人們眼中典型的「聰明」息息相關。

另一方面，人們也擁有任務負網絡（預設模式網絡）。這樣的網絡結構，能讓我們與他人產生情緒連結。不妨把它想像成「社交智能」，這能讓人得以同理、或顧慮到別人會作何感想。

但問題來了：在閒聊的時候，人傾向於出動分析

腦，而這就是我們之所以會感到無聊、分神，或不知道該說些什麼的主因。他們怎麼樣都無法理解「寒暄交際」這件事，因為分析腦根本不適合這份工作。此外，雪上加霜的是，每當你更用力使用分析腦，社交腦就會當機得更嚴重。

這兩種大腦網絡的作用機制，就如同翹翹板。事實上，大腦甚至擁有一種機制，好讓我們不會同時啟動這兩種網絡！也就是說，大腦不能同時進行分析和社交。[1]

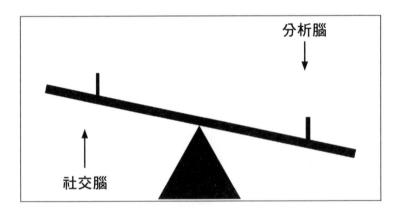

你聊天是在交流情感，還是交換資訊？

聊天是一種社交活動，需要用上的是社交腦，而不是分析腦。所以說，這項活動的目的是社交，不是分

析。換而言之，**聊天是為了建立關係，而不是獲得資訊**。我們不是在完成任務，而是建立關係。建立關係比獲取資訊更為重要。我個人喜歡將促膝長談視為樂譜，而聊天則是讓音符輕快跳躍的音樂家。聊天更重視的是情感交流，而非字詞表面的意義。

一般來說，女性擁有較高的社交與情緒智能，反觀男性，則被普遍認為更擅長使用分析智能。[2] 這也是為什麼刻板印象上，會認為女性比較善於聊天，男性卻認為聊天很無趣或沒有意義。事實上，他們不明白這是一項社交活動，且對於成功**至關重要**。

這也是為什麼聊天無所不在。除非你選擇餘生都不要再見到任何一個人，否則你走到哪裡，聊天都會如影隨形地跟著你。你的身邊現在有其他人嗎？你猜怎麼著？肯定有人正在聊天！無論是在辦公室裡、吃商業午餐、坐在咖啡廳、參加婚禮，或初次約會的場合，只要你想得到的情況，都會有人在聊天。走到哪裡，聊天就跟到哪裡。即便是面對摯友與家人，還是會閒聊，像是：

- 「今天工作狀況如何？」

- 「外面熱死了！」
- 「這個週末你有什麼計畫？」

聊天，是一種人類儀式

聊天無所不在。為什麼？

想想狗狗們見面時的場景。牠們做的第一件事情是什麼？答案是，開始聞對方的屁股。儘管這個動作表面上看來有點傻且毫無意義，但實際上，重要的事情正在發生。老實說，這裡面藏著的學問還真不少。

狗正在用牠們的鼻子，聞取資訊。牠們能透過聞的方式，了解對方的性別、情緒，甚至是飲食。基本上，牠們是透過嗅聞，來判斷彼此是否合得來。人類之間也是一樣的。當我們在聊天時，我們也同樣在「聞」其他人的資訊。

- 他們感覺如何？
- 他們想聊天嗎？
- 他們是友善的人嗎？

- 我是否想要更了解他們？

片刻之內，你的大腦就會在有意與無意間，接收並處理成千上萬則訊息碎片。但比起去聞其他人的屁股，我們的大腦選擇接收語言、面部表情等各式各樣的微小訊號。無論是在工作、友情或戀愛關係上，「聊天」都是讓人得以認識新對象、建立連結，且最終開啟各類關係的**儀式**。

究竟，「閒聊」有什麼意義？

但為什麼非要閒聊？難道不能直接跳到更有深度的對話上，像是「你最大的恐懼是什麼？」或「妳願意嫁給我嗎？」理論上來說，是的，你當然可以這樣做。但絕大多數時候，這麼做不僅超尷尬，更會讓對方不舒服。閒聊之所以輕鬆且不沉重，自有其原因。正如狗狗透過互聞屁股來了解對方，人類則靠聊天來拉近彼此距離。這能讓我們在沒有什麼壓力的情況下，了解彼此。同時，在做出任何強烈、重大的承諾之前，這也是更安

全的方式，能確認彼此是否合適。在這個陌生人無所不在的世界裡，聊天於人類的社交運作中，扮演著至關重要的角色。

好關係，是聊出來的

當你踏出聊天的第一步，你就開啟了通往99％人際關係的大門。換而言之，假如你希望能交到朋友，在99％的時間裡，你必須開口聊天。而且，如果你做得不錯，聊天能大幅提升你的社交生活。如此一來，便能交到朋友、享受派對、認識新的人，並改善工作表現。

而這一切，只需要透過簡單的聊天就能達成！沒有什麼複雜或艱澀的部分，也不需要幽默絕頂，就是基本的對話技巧而已。許多人沒有給予聊天該有的重視。但倘若你能學會聊天，那麼無論你去到哪裡、面對任何人，都能憑藉聊天來建立連結。

重點回顧

- 大腦有兩種智能：社交與分析。
- 聊天需要的是「社交腦」。
- 人類透過「聊天」這種儀式，來認識其他人。
- 聊天，是通往新關係的門。

CHAPTER

2

—

用聊天，改變你的人生

我們可以透過每一次的聊天互動，從對方身上學取到大量的事物。

表面上，微小的事物看似無足輕重。但其實，它也能產生巨大的影響。就如同第1章所討論到的，其中隱藏的學問可不少。在《引爆趨勢》（*The Tipping Point*）中，麥爾坎‧葛拉威爾（Malcolm Gladwell）寫道：「只須觀察你所身處的世界。它看似為堅定不移，難以改變。但你錯了。即便是微乎其微的一股小小推力，只要用在對的地方，瞬間就能造成傾頹。」

　　這正是聊天的真義：在對的地方，輕輕一推。以下列出幾個聊天的好處。

簡單的小聊，也能帶來大大的改變

　　聊天能開啟通往關係的那扇門。而它也能鋪墊出一條通往更深之處的道路。儘管有時候你實在很難相信，但聊一些瑣碎的「傻事」，確實能建立起別具意義的關係。

　　瑣事也很重要。畢竟，生活就是構築在諸多瑣事之上。當所有的瑣事加總在一起，就能產生巨幅的影響。舉例來說，你的身體是由50兆個小細胞所構成的。或

者拿一張紙來說，其厚度不過為0.05毫米。但只要將它對折50次，這張紙的厚度就相當於地球到太陽的距離。或者，你是否知道，當你從甘迺迪國際機場飛往洛杉磯國際機場，只要改變小小1度的飛行方向，就會偏離飛行航道約80.4公里遠？小事也能帶來大不同。

只要小小的一步，就可能導致巨大的連鎖反應，就像是推倒第一張骨牌。同理，當你開始和其他人聊天，你永遠無法預測這個舉動可能帶來的成果。一句簡單的「嗨，你為了什麼事情來這裡呢？」就能展開一段對話，也有可能開啟一段新的友誼，接著是交到更多的朋友，再接著是帶來工作機會。誰知道還會有些什麼！

想要開拓視野？多跟人聊天吧！

愛因斯坦曾經說過，「人人都是天才。但倘若你用爬樹的能力去評斷一條魚，牠將終其一生覺得自己是個笨蛋。」人們傾向於根據自認聰明或有意思的觀點，去評斷他人。而這些觀點經常是基於自己的所知、強項，或短處。但每個人都有某些方面的才華，而我們可以透

過每一次的聊天互動（即便只是簡短的數分鐘），從對方身上學取到大量的事物。

天才的類型有非常多種，有運動英才、喜劇才子、語言天才、烹飪奇才等等。簡單來說，你所能想到的每一件事，都有對應的天才存在。他們或許無法和你在天文物理學、電腦程式設計等任何你感興趣的主題上高談闊論，但總有某些事是對方知道，你卻不知道的。比方說，某些他們去過的地方、經歷過的事情，或擅長的事物。

因此，從現在開始，請將聊天視作開拓視野的機會。

每一次，當你遇到新的人，學習事物的好機會就來了。每個人都有獨特、且值得我們從中學習的經歷。藉由吸收他人的經驗，你能不費半分力氣，拓展自己的見識，就像是閱讀濃縮人生歷練的學習導覽手冊。透過聊天，你可以學到那些有趣且未來派得上用場的事物。而且，在絕大多數的情況下，只要你展現出興趣，人們很樂意教導你任何事情。

聊一聊，你會更聰明

近期的研究指出，聊天實際上能增強你的心智能力。在過去，心智能力被認為是固定不變的。[1] 然而，簡單聊個幾句，能提升人整體的腦部運作，甚至是「執行功能」（executive function），包括了記憶、注意力、專注力與自我控制。[2]

聊天與智力之間，存在著明確的關聯。這是因為聊天能迫使我們去解讀他人的想法，了解對方的觀點。此外，聊天的節奏往往很快且無法預測，充斥著快速的來回交流與話題的隨機改變。而盡可能地投入聊天，能讓你活化大腦的預設模式網絡，培養臨機應變的能力。

總之，聊天就是棒極了！

現在，我已經交代了自己的全部論點，這是我的最後一點：聊天單純就是很棒！它是一種貼心的互動方式，能在對方最自在的情況下，去結識他們。想想看，假如每個人都能在任何時刻與各種處境下，無論對方與

自己的差異有多大，都有辦法相處融洽。倘若沒有其他
意外，光是這點，就足以讓世界變得更美好。

$$\boxed{\text{重點回顧}}$$

- 簡單的小聊，也能帶來大大的改變。
- 聊天，能讓人拓展視野。
- 聊一聊，你會更聰明。
- 聊天單純就是很棒！

II
基本功

學習聊天技巧前，
必修！

終結聊天緊張，
提升社交成功率

許多因害羞而苦的人，實際上
擁有良好的社交技能。因此，
問題在於他們思考的方式。

聊天這件事可以是非常嚇人的，尤其是置身在陌生的人群之中。這時，排山倒海的自我意識碾壓一切。突然間，你對自己身體的每一處都很敏感。你的表情緊繃，雙手擺弄個不停。更糟的是，大腦突然一片空白。你不知道該說些什麼。而你越是努力去想，大腦就變得更茫然。

這是許多人在與他人建立連結時，所遭遇的最大困境。但事情為什麼會變成這樣？我們又該如何阻止？其中，最大的問題有兩個：

- 你的社交技巧。
- 你的思維模式。

在社交技巧上，追根究底還是在於多學習與勤練習。畢竟，要是自認為不擅長某件事，就會開始緊張。這很正常。這也是本書第8章至第14章所要解決的問題。我會提供適當的步驟、架構與練習，來幫助你提升聊天技巧。

但在進入這些步驟前，此刻最大的問題在於你的思維模式。許多因害羞而苦的人，實際上擁有良好的社交

技能。因此，問題在於他們思考的方式，亦即他們將注意力放在何處。

其實，造成社交緊張的主因是……

事實上，導致緊張的最大關鍵，就在於**自我**意識過剩。在進行對話時，人的大腦每秒鐘都會處理數十億則資訊片段。因此，有巨量的想法、念頭、記憶與感受，在爭奪我們的注意。但每個人的注意力有限，一次只能關注到少少的幾件事。偏偏大腦最愛做什麼事？聚焦在自己身上！很多人常會覺得所有的事情都跟自己相關，不斷想著：「我看起來冷靜嗎？」「他們是怎麼想我的？」

這是人類的本能。但就如同我們對糖、脂肪和鹽上癮的天性，這麼做相當於慢性自殺。研究指出，自我意識太強反而會造成社交焦慮。[1]原因在於太注意自己，會讓人更容易把目光放在負面思維上。與此同時，這麼做會讓人無法融入當下，難以較為正面地看待事情。[2]

揪出拉低社交成功率的罪魁禍首

　　一談到自我意識強，最大的罪魁禍首就是**比較**，尤其是拿自己和其他人做比較。讓我們來分析一下。「比較」是每個人都會做的事，包括我跟你。每一天我們都會拿自己跟別人比，這往往是自然發生的、不需要意識來控制。只要遇到其他人，一下就會開始跟別人比：

- 我比他聰明嗎？
- 她是不是比我漂亮？

　　許多時候、甚至在我們根本沒有意識到的情況下，這件事就發生了。事實上，平均來看，比較的行為占據了我們每天12%的思維容量。你或許會認為，「但是『比較』能幫助我建立自信，尤其我比對方更好時！」或者你這麼想，「只要我拿自己和更棒的人比，就會讓我充滿鬥志！」是的，這些或許都是真的。你在較勁時，或許能獲得一時片刻的自滿或衝勁。但長遠來看，比來比去最終卻會傷害到我們。

　　研究指出，人們拿自己與別人比較的次數越頻繁，

感受到的負面情緒（尤其是嫉妒與輕蔑），也會越多。[3]

當我們想要他人所擁有的事物，會感到嫉妒。若我們覺得對方沒有什麼了不起，則會表現出蔑視，瞧不起比自己「差」的人。我知道這聽起來太赤裸裸，但這就是事實，也是每個人在某種程度上，都會出現的情況。

重點在於，長期來看，這些情緒最終會對你造成**極大的傷害**。我見過不知道多少次，那些總是一副高高在上的人，往往是最沒自信者。而那些總是嫉妒他人的人，則總在「重要」人物的身邊，緊張到不行。無論是哪一種情況，當人們處處與他人較勁，傷得最重的往往就是自己。

而「比較」也經常會連結到其他負面事物，例如內疚、後悔、防禦心、謊話、責怪他人、未能滿足的慾望、對工作的低成就感。最讓人驚訝的是，相較於低自尊，比較的行為更會實際拉低你的社交成功率。[4]讓我再重複一遍：**比較行為比低自尊，更會拉低你的社交成功率。**

是不是令人意想不到？但這究竟是怎麼一回事？

簡單來說，「比較」會讓你在自己與他人之間，築起一道牆。因為比來比去會降低你的同理心，而這會影

響你與他人交際的能力。

　　下面就是「比較」如何讓人築起心牆的例子。想像你身處在派對上，並看到一群人開懷大笑著。倘若你萌生較勁的心理，你會開始質問自己，像是「為什麼我沒辦法像他們那樣開心？」而不是認同對方，了解那些人，吸收他們陽光般的活力。因為你在比來比去，將某些正面的東西扭曲成負面的事物。很弔詭，對吧？重點在於：**「比較」讓人們產生隔閡，扼殺你交朋友的機會。**

　　一旦停止比較，要主動接觸人群、並展開對話，就不會那麼難了。這麼做之所以有效的原因，在於你停止注意自己。研究顯示，太聚焦在自己身上，會增加緊張程度。這是因為你更容易感覺到負面思維與感受。你開始質疑自己，「我聽起來是不是超尷尬？」和「我是不是讓他們很煩？」等諸如此類的問題。

　　除此之外，太注意自己，還會讓你無法投入當下。根據網路媒體Vice的「Tonic」部落格撰稿人潔西卡・多爾（Jessica Dore）所述，「當人將越多的注意力轉回自己，就會感受到越強烈的自我意識。而這會占據大量的大腦處理空間，導致我們沒有太多的餘裕，去實際關

注當下。」[5]

在聊天這件事情上，「轉移對自己的注意力」之所以如此**關鍵**，就在於當你對談話的對象越不熟、聊天的內容越瑣碎（像是閒聊），就越有可能根據自己的表現，來為這場對話打分數。換句話說，在聊天之中，人會本能地關注自己。倘若對話進行得不順利，我們傾向於認為這是自己的錯。因此，為了克服聊天所遭遇到的緊張，必須學會轉移對自己的注意力。

想擺脫緊張，先和自己玩個心理遊戲

好，但在實務上，你該如何做？如果你有嘗試戒掉壞習慣的經驗，就會明白這件事有多麼困難。你越是努力**不要**去做某件事……就越有可能重蹈覆轍。因此，與其只是不斷提醒自己不要比較，更好的做法，是用新的行為去**取代**舊有行徑。

你可以用一個很簡單的方法，叫做「平衡思維」。這個方法的最棒之處，在於它是一種心理遊戲，你可以在腦中進行。一旦掌握了個中精髓，就會發現這個習慣

真的能幫助你，擺脫那經常礙事的種種緊張情緒。

　　每一次，當你發現自己又想著其他人比你好、或不好的時候，請在腦中編出一些相反的說詞。我是說真的，編一些故事。而這些故事是不是真的，並不重要。舉例來說，也許對方看起來就像個流浪漢……但他很可能超級大方。或許他們看起來很有錢……可是超級沒有安全感。

　　關鍵在於，去平衡你所進行的每一項比較，並強制大腦在你開始感到不如人、或萌生優越感的同時，跳到天秤的另一端。這個行為能中和比較產生的負面影響，同時讓注意力從自己身上轉移。更多細節，請參閱〈30天全方位閒聊指引〉的第4天。

─────────── 重點回顧 ───────────

- 自我意識過剩，是緊張的根源。
- 與他人做比較的行為，是有害的。
- 用「平衡思維」取代比較心理。

CHAPTER

4

打造社交自信，
和誰都能聊得來

從關切他人的那一刻開始，你
會變得自信（而不僅只是感覺
自信）。

每當人們談論到自信，他們通常提到的（無論是有意或無意），是「社交自信」。那種能讓你不膽顫心驚地踏入一間房間的能力；能自在地做自己；可以自然且順暢地從一個話題聊到下一個話題，且不費力氣就能交到新朋友。就其核心來論，社交自信就是一種**確信**自己可以和任何人對話，並產生共鳴的信念。

我們都想要這種自信，不是嗎？這就是為何有成千上萬本相關主題的書，也是為什麼男男女女都會說，自己深深被「自信」（你猜得沒錯）這項特質所吸引。

那麼，我們該如何掌握此一變幻莫測的自信？倘若試著在網路上搜尋，你會找到「看著鏡子微笑！」「擺出自信的姿勢」「正向思考！」等可怕的建議。但事情沒那麼簡單。

聽著，我絕對支持使用技巧和速成法。正因為如此，這本書才會誕生。但真相就是，市面上充斥著太多極差無比的建議。而且，鮮少有證據（許多證據事實上甚至自相矛盾），能證明這些技巧真的適合害羞的人。

夠了，真的夠了。

讓我們先來顛覆傳統的觀念，直搗問題核心，從你應該極力避免的常見誤區下手。

誤區①：試著「感到」有自信

　　自信並不是一種能用心去感覺的情緒，而是一種**心理狀態**。許多人並不明白這一點，將自信視為一種感受並盲目追求，導致情況變成：

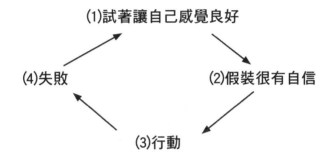

(1)試著讓自己感覺良好

(2)假裝很有自信

(3)行動

(4)失敗

　　然而，這麼做只會落入受**感受**所驅使的惡性循環裡。舉例來說，假設你在為一場派對做心理準備。你知道某位重要人物會現身，因此你開始**感到**緊張。很自然的，你想要擺脫這些不好的**感受**，專注在好的、快樂的**感受**上。換句話說，你想要找出自信的**感受**。然而，這個舉動會創造出我所謂的「假自信」，因為這種自信建立在**感受**之上。所以，萬一談話陷入了磕磕碰碰的狀態，你的自信**感受**自然會隨之動搖。每一次的舌頭打

結，都在侵蝕著你的「自信」，最後你帶著「失敗者」的**心情**回到家裡。理所當然的，你試著恢復好心情。你努力**感覺**更自信，即便在自己根本沒那麼自信的時刻下。

這聽起來是不是非常熟悉？

這就是為什麼擺出「力量姿勢」（power posing）此類受歡迎的方式，並沒有用的原因。此一概念指的是，透過擺出充滿信心的肢體語言，來感受自信。這聽起來很棒，甚至背後還有關於荷爾蒙與皮質醇濃度的複雜科學解釋。但結果證明，這是很爛的建議，甚至還會造成不利的影響。事實上，倘若你極度缺乏自信，這麼做只會帶來反效果。[1]也就是說，試著**感覺**自信並沒有用。根據密西根州立大學（Michigan State University）心理學副教授約瑟夫·切薩里奧（Joseph Cesario）的看法，「感覺強大或許能讓人感到愉快，但光憑其本身，並無法讓人表現強大、完全發揮實力。」[2]

追逐感覺，就像是在參加馬拉松之前，用垃圾食物來充飢。起初你感覺非常棒，但你並沒有攝取到可以幫助維持體力的實質營養。最終你精疲力竭，導致失敗。然而，真正的自信是不會輕易受到影響而改變的，因為**它是一種思維模式，而不是感受**。

誤區②：無止盡的正向肯定

　　這是重量級心理自助大師所教導的超受歡迎技巧：看著鏡子中的自己，然後喊話說「你很棒。」每天進行這個動作5次，同時確保自己面帶微笑。而背後的概念是，倘若你一遍又一遍地對自己說正能量的話，漸漸你就會開始相信。

　　如同力量姿勢，研究顯示正向的自我肯定，事實上可能會讓自信心低落的人，感覺更糟。換句話說，這麼做反而會傷害到那些最需要此一效果的人。[3] 這實在太沒有道理了！

　　倘若內心深處的你，認為自己就是個「令人尷尬的失敗者」，那麼無論多少的正向肯定，都無法扭轉此一事實。事實上，不斷對自己正向肯定只會造成內心的掙扎。讓我們先假設你非常不擅長烹飪。每一次當你重複說著，「我很擅長料理！」你的潛意識就會立刻迸出「這根本不是事實！」的念頭。這就是當你收到根本不符合事實的讚美時，心裡萌生的尷尬感受。亦即所謂的認知失調（cognitive dissonance），而我們的大腦並不喜歡這樣。

你的潛意識並沒有那麼好欺騙。倘若這些正向肯定與你根深蒂固的信念完全相反，它們就起不了作用。最終，你將會在截然相反的兩種思緒間，來回擺盪，從「我很棒！我做得到！」到「我是失敗者。我爛透了。」這樣的結果會讓你陷入比一開始還要糟的感受中。

誤區③：自信與否取決於外貌和成就

理論上，「自信與否取決於外貌和成就」很有道理。很多人認為，外表越吸引人，就會越有自信！賺越多，就會越有自信！這就是為什麼，許多人試著透過追求外表與成就，來構築自信。「假如我很有錢、很好看且成功，人們自然會更喜歡我，不是嗎？」

問題在於，你的外觀與成就都是有條件限制的。換而言之，它們並不持久。而且，即便你在某些方面具備不可思議的吸引力或能力，但總會有人比你更好，比你更具吸引力。又或者你忽然之間，失去這些條件呢？倘若事情真的發生了，你會怎麼樣？你會喪失全部的自信嗎？

所以，倘若你一心只想著自己是否比其他人好，就永遠無法獲得社交自信。畢竟，人外有人，天外有天。即便你確實成就斐然且出類拔萃，但只要你如實面對自我，就會發現自己在其他領域中仍有所不足。這會是一場艱難的仗。

究竟，如何加強社交自信？

其實，所謂的「社交自信」就是**知道**自己可以和任何人聊天，並建立關係。

事實是這樣的。這份自信並不是來自於你的感受、外表或成就。它也不會來自於其他人對你的看法，更不會出於你對其他人的看法。這是一種思維模式，以及知道該將注意力放在何處。

真正的社交自信，源自於把注意力轉移到他人身上，而不是眼中只有自己。

一旦你擔心著自己的外表或給人的感受時，你看到的只有自己，沒辦法去注意別人。由於你的目光都在自己身上，連帶社交投入程度也降低了。如同第3章所討

論到的，要是過分注意自己（像是說了些什麼、其他人如何看待我們、我們是否有趣），會導致焦慮程度提高，自信程度下降。但假如你將注意力轉移到其他人身上，你的觀察力會提高，社交自信也會增加。

請記得，缺乏自信的其中一項關鍵，就在於懷疑自我。你自我審查，只因為你不希望犯錯或說出傻話。你擔心其他人的想法。而這一切全都肇因於自我意識過剩。

所以，儘管這聽上去有些違反常理，但請降低對自己的關注，取而代之的，多去注意其他人。這是無人談論且罕為人知的自信訣竅。倘若你希望更愛自己一點，請從減少對自己的注意力開始。如同電影帶著我們踏入另外一個世界，並帶來無窮樂趣，當你不再一心只想著自己的問題，轉而投入他人的世界時，你將收穫到無與倫比的自由。

從關切他人的那一刻開始，你會**變得**自信（而不僅只是感覺自信）。這麼做能徹底改變局面。很神奇吧。你掙脫自己的腦袋，不再被那些想法禁錮。你再也不需要去尋找強化自我、或終止焦慮的方法。事情就這樣順其自然地發生了。就是這麼不可思議。

我並不是要求你，不要把自己看得太重要。你當然是很特別、很棒，也很美好的，而這樣告訴自己並沒有錯。但倘若你想要獲得真正的自信，並打從心底**知道**自己可以和其他人產生共鳴，那麼唯一的方法就是關懷他人。

把握一個重點，有助於降低社交焦慮

但請注意，當我要你將注意力轉移到其他人身上，我並不是叫你去關注他們如何待**你**、對**你**的反應，或他們如何看**你**。這只是變相的自我關注，自欺欺人罷了。

其實，關懷他人的最好方法，就是**幫助對方**。一份來自英屬哥倫比亞大學的研究指出，「為善行而忙碌」[4] 有助於降低人們的社交焦慮。而把心思放在幫助他人，能消除受試者對於被拒絕的恐懼，降低他們的壓力與焦慮程度，與此同時還能引導出更多的正向思維與想法。最終，參與研究的受試者發現，人們對自己的反應，比原本的預期來得更正面。

最終，透過幫助他人，他們建立起自信。

重點回顧

- 誤區①：試著「感到」有自信。
- 誤區②：無止盡的正向肯定。
- 誤區③：自信與否取決於外貌和成就。
- 把注意力轉移到他人身上，而不是眼中只有自己的感受。
- 透過伸出援手，來關懷他人。

CHAPTER

5

—

聊天時感到不自在，
怎麼辦？

要想進行一場美好的對話，你
就必須做自己。一切都必須是
自然的。

那麼，上一次當你**想要**說些什麼、卻**沒能**說出口，是什麼時候的事？當時，或許你懷疑自己，也可能你覺得有點尷尬，因此選擇閉口不言。倘若你也很害羞，那就絕對知道我在說什麼。

與此同時，有些人看上去就似乎非常「自然」。他們如同冰上芭蕾舞者般，自在地遊走於各種話題間。而且，似乎具備和任何人談論各種話題的能力，即便在陌生人面前（多數人都會畏懼的情況），也能侃侃而談。他們看上去輕鬆寫意。

能與陌生人自在聊天的人，有什麼祕訣？

倘若你去觀察那些很自然的人，你會注意到他們不太會猶豫。他們不會懷疑自己，講話很自然，且看上去樂在其中。他們是生來就如此嗎？當然，確實有可能。但可不是所有人都天生就是這塊料。許多舉止自然的人，表示自己也曾經是很安靜且笨拙的孩子。就跟所有能力一樣，社交能力可以透過學習與練習來獲得。

那麼他們的祕訣是什麼？那些人有哪些地方跟我們不一樣？答案是，**他們懂得說出自己的想法**。這意味著在開口**之前**，他們不會在腦袋裡過度處理與分析念頭。相反的，他們將自己最原本的想法——原始且未經處理過的，直接攤在外人面前。

　　舉止自然的人，看起來似乎不會三思而後行的原因在於……他們真的不會三思而後行！他們的分析腦不會出手阻礙社交腦。

　　聊天時，我們沒有機會在開口以前，進行周詳的處理與思考。聊天的機制就是如此。對話隨意且不由自主地發生。在你縮回自己的腦袋裡，思索著該說些什麼的那一刻裡，你愣住了。而你越是努力去思考，大腦就越是一片空白。你被卡在自己的腦袋裡，於是對話在沒有你的情況下，繼續進行。仔細想想：我們不可能同時進行兩場對話，無法邊跟自己說話**又**跟他人說話。

　　所以，請盡最大的努力，改為說出自己真實的想法，把心之所想，表達出來。而你越常這樣做，就更能感受到內外的和諧。此外，其他人也會感受得到，從而與你建立起真摯的連結。你或許會想，「可是我真的沒有任何想法可以分享。」但這絕不可能是真的。我敢打

賭你一定有超級多想法。你只是太習慣於剔除掉這些想法，確信這些念頭根本不值一提。

一句話都不敢講？問題可能出在……

每個人的腦袋裡都有一個過濾器。就像以下的咖啡濾壺：

放進去的東西（咖啡粉和水），就像想法。而濾出來的產品（咖啡），就是說出口的話。當一個念頭進入

腦中時，過濾器會決定，「好，這個可以說」或「不行，不要說」。所有人在某種程度上，都會有這樣的過濾機制。當然，擁有過濾器的好處在於，它試著在保護我們，避免禍從口出。

但問題來了：如同保護過度的父母，害羞者的過濾器調得**太強**了。因此，沒有任何東西能實際通過。這就像是一台濾不出咖啡的濾壺。他們去除掉太多想法。

那你呢？你是否排除掉太多想法？讓我們花一點時間，來評估你的過濾器。下面的等級範圍從0到10，0代表口無遮攔，10代表沉默。

你的過濾器等級

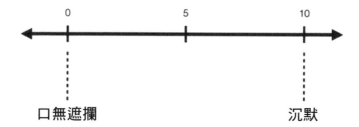

倘若你很害羞，且經常篩選想說的話，那麼結果會比較靠近右邊。如果你很健談，不太會過濾自己的想法，那麼結果會更靠近左邊。現在，花一點時間來思考。你落在這個等級表的何處？

- 0-1：你會說出腦中的一切想法，即便這些想法會傷害到他人或自己。

- 2-4：你會說出絕大多數的想法，除了那些極端不恰當的念頭。

- 5：你能將許多想法說出口，但也有不少被剔除掉。

- 6-7：你能說出一半左右的想法，其餘則被淘汰掉。

- 8-10：幾乎每天你都無法說出自己的想法，即便在必須開口的時候。

倘若你落在右邊的 8 到 10 之間，那麼這章對你而言尤其重要。很有可能，你的過濾器功能太強了。

社交有危機嗎？也許是因為你的「不敢說」

心理學家布拉德・布蘭頓（Brad Blanton）在作品《徹底誠實》（*Radical Honesty*）中，提出了對過濾器

的看法:「隱瞞別人,不告訴別人自身感受或想法,就像是將自己關進監獄。而在那座監獄裡待得越久,我們衰退的速度也越快。」

不說出自身想法(猶如自我審查),就像將自己打入大牢。而這麼做的長期後果,就是你自我審查得太過頭,嚴重到你對自己要說的話,再也沒有信心了。下面是來自某些人的真實言論:

- 「這麼多年來,我已經對自己不誠實到,我再也無法感受到自身存在。」
- 「我覺得自己跟鬼沒兩樣。」

每一次,當你覺得**應該**要說某些話、卻**沒**說出口的時候,某一部分的自我就迷失了。這是過濾機制所帶來的最可怕危害。你失去了只屬於自己的獨特且真實聲音。

這也會帶來很大的社交危機,因為過濾機制會讓你無法與他人產生共鳴。理由是,無法坦然表達自身想法的你,並不是真正的你。你不讓其他人看到真實的一面,因此別人永遠都無法認識你的真貌。但要想和人產

生共鳴，首先要讓別人感受到你的真誠。倘若你總是壓抑、審查自身的想法與觀點，就像是在潛意識的層面上告訴自己，某些東西必須被隱藏。說到底，假如你沒有任何東西需要隱瞞，又為什麼需要篩除自己的想法？

好感，從真誠開始

「不要壓抑自己的情緒和想法」聽上去或許很可怕，但不妨換個方式想。倘若你保持全然的真誠，說出真實的想法，那麼就不可能搞砸。你有**數不勝數**的想法、習慣和生活經驗可以分享。但正如前文所討論到的，你只是慣於將這些想法處理、並過濾掉了而已。

就拿孩子來做例子。人們之所以喜歡小孩的其中一個原因，就是因為他們**太誠實**了。孩子百分之百地做自己，也因此不會是禍源。我們喜歡小朋友那些稚嫩的傻話，就連鬱悶的埋怨都讓人喜歡。

讓我們將同樣的思維模式，帶入到聊天之中。當然，你很有可能說出一點都不有趣、或有點尷尬的話，但這是自然的，也非常正常。即便你真的冒犯到某人，

道歉或澄清本意也是再容易不過的事。所有人都會欣賞你的誠實。要想進行一場美好的對話，你就必須做自己。一切都必須是自然的。因此，無論是對你或對其他人來說，一旦你開始隱藏自己，一切就會變得不對勁。

聊天時，請放下「最佳應對」的執念

我發現那些很難說出自己想法的人，往往也有完美主義的困擾。他們覺得在開口之前，就必須先在腦中擬好最完美的回答。由於不希望顯得無趣或老套，他們絞盡腦汁不斷地想呀想，最後什麼也做不了。舉例來說，他們遇到不認識的人，並希望能說出不那麼老套、或不過時的話。但一直到最後一刻，他們還是什麼都沒能說出口。

但是我的朋友，好消息來了：最佳的應對根本不存在。請再讀一次這句話，並且大聲說出來。**最佳的應對根本不存在**。看看你的周遭。一般來說，人們只是想待在朋友身邊，說些輕鬆的話題，度過歡樂的時光。你可以找間商場，在裡面逛一個小時，聽聽別人說的話。你

會發現，大家都在說一些不嚴肅正經的內容。

你不可能講出的每一句話都無可挑剔。但這樣也沒關係。無論如何，先說出口。有話可說勝過無話可說。記住，保持一切簡單並依循基本原則。我見過許多擁有超多朋友的迷人傢伙，他們並不是經常說出滿分的答案。事實上，那些人也經常會「搞砸」。說到底，他們只不過是放輕鬆、有趣地談論著某些很無厘頭的事情而已。請放下最佳應對的執念。

放手吧，相信你的社交腦

我知道，在把話說出口之前不去思考，是一件多麼可怕的事。但請相信你的社交腦。它一定能想到當下該說些什麼，有時候更是妙語橫生，句句珠璣。只要勤加練習，你絕對會對自己感到驚豔。假如你真心關注他人，也仔細傾聽，那麼接下來，你就可以完全交給大腦處理。

而且，一旦把心思放在如何帶來歡愉和快樂、或展現自己的善意，完美主義的緊箍咒就消失了。你能更加

隨心所欲地講話，人們也能給予你回應，而你也會更信任自己。放手吧，對自己抱持信心。

　　想要進行實地演練嗎？請參閱〈30天全方位閒聊指引〉的第5天練習。

───────── 重點回顧 ─────────

- 內心有想法時，請不假思索地說出來。
- 很有可能的情況是，你自我審查得太過頭。
- 壓抑自身的想法與感受，就像將自己打入大牢。
- 保持真誠，你不會搞砸的。
- 聊天時，請放下「最佳應對」的執念。
- 請相信你的社交腦。

III

上場

開啟對話

不知該如何開啟話題時，
請這樣做

展開對話時，關鍵在於注意對
方，而不是將焦點放在自己或
資訊上。

展開對話有時真的很可怕，尤其是在陌生人面前。因此，人們經常會這麼做：

- 試著讓人印象深刻。
- 企圖展現聰明才智。
- 事先準備令人印象深刻的故事。
- 使用強烈的肢體語言。

但這些辦法都不能讓你與人產生共鳴。尤其如果你是個害羞的人，上述做法還可能讓你感到無比挫敗。最終害你腦袋打結，無法跟任何人說上話。

既然如此，我們該怎麼做？

與其眼中只有自己，倒不如將全部的注意力轉移到其他人身上。倘若你不斷想著自己，只會緊張不已。但如果你把心思放在對話中的資訊，互動往往很快就結束了。比方說，假設你試著透過詢問時間，來展開對話：

你：哈囉，你知道現在幾點嗎？

陌生人：十一點十五分。

你：太好了，謝謝！

陌生人：不客氣。（轉身離開）

話說回來，這種對話偏向實務性質，缺乏人與人的連結。因此，確實很難繼續交流。所以，在你展開對話時，關鍵在於注意對方，而不是將焦點放在自己或資訊上。我知道這聽起來非常矛盾，但請記得，我們的目的是認識對方，因此請不要給自己施加壓力，或對聊天的話題很要求。

那麼，你到底該說些什麼？

老生常談也沒關係

你不打算說些驚天動地的話，那也沒關係。

在你展開對話時，說些老生常談的事也很好。事實上，老生常談才是你應該要說的。這能讓情況簡單些。說起來，樸實無華且可預測是一件好事。

人們經常想要找到絕頂聰明的話說，然而這樣的念頭往往讓許多人裹足不前。這是因為大腦駁斥了絕大多數的點子。我們想著，「這毫無新意，沒有人想聽這

些。」但多數時候，這根本不是真的！我想讓你明白的一個重大觀念是，對話就應該包含老生常談。

題材老套完全沒有問題。典型的問題能讓人更覺得安心。事實上，用毫無新意的內容開啟話題，反而讓人感覺舒服。因為最重要、也最不尋常的一點，是你靠近對方並展開對話。光憑這個舉動，就足以證明你與其他 99% 的人不同。

以下是我在展開對話時，會使用的老生常談例子：

- 火車上，有一名女性穿著 Dropbox 的上衣，所以我問她，「妳會使用 Dropbox 嗎？」我們聊了十五分鐘，然後她給了我名片。

- 另一次，我在市中心看到一名男子身上有刺青，於是我說，「我喜歡你的刺青。」我們聊了半個小時，然後交換了電話號碼。

- 有一次，我坐在準備飛往芝加哥的飛機上，我轉向坐在身旁的人並詢問，「這趟是商務旅行嗎？」最後，整趟飛行期間我們都在聊天，並交換了電話號碼。而且昨天晚上，他也真的傳訊息給我。

如你所見，我不需要特別聰明或獨特。我只不過是注意對方，然後用一些尋常的對話展開交流。

下面，是四種能讓你與任何人展開對話的最簡單方法。這些方法真的很好上手。而它們的最棒之處，在於都很自然，不會讓對方覺得你很奇怪，並將我們被拒絕的機率拉到最低。只要堅持下去，你就能做得很棒。

訣竅①：找出共通經歷

讓我們從最簡單的一點著手：找出彼此的共通經歷。

你要做的是，就是對你們兩個都曾經歷過的事，做出評論。很簡單，不是嗎？這麼做的目的，是創造出立即的共鳴。你們同時經歷了某一件事，這個事實讓雙方擁有了共通點。

人們總是尋找與自己相像的人。而以下列出一些簡單的例子，讓你能輕鬆找到彼此的相似性：

- 「哇，這裡也太人山人海了。」

- 「不知道是只有我這樣覺得，還是這裡真的熱斃了？」
- 「你也看到了嗎？」

從你們身邊的事物下手，就是展開對話的絕佳方法。

訣竅②：讚美加上提問

下一個很有意思：讚美加上提問。請容我強調「提問」這部分。儘管絕大多數的人都喜歡聽到讚賞，但他們並不知道該如何對此做出回應。因此，稱讚並提出問題有助於度過那尷尬的時刻，並讓話題繼續展開。

讚美的最佳目標，就是對方的服裝或攜帶的物品。這之所以有效的原因在於，這些東西都很個人，卻又不至於過於私密。這些物品的穿搭絕對是經過考量的，否則它們就不會出現在對方身上。與此同時，這些物品又不會過於私人且讓人難以啟齒，就像是被詢問……醫療史之類的問題。以下是範例：

- 「我喜歡你的帽子，這種帽子的名稱是什麼？」
- 「嘿，這件上衣真好看！你在哪裡買的？」

這個技巧真的有效。我自己也用過很多次，讚美再加上問題的效果確實很棒，而且一點也不複雜。

訣竅③：給予幫助

第三種方法是，你可以給予幫助。畢竟，那些需要幫助的人真的非常希望有人願意接近他們。他們有需求。因此你要做的，就是找出這些人。舉例來說，你可以去尋找這樣的對象：

- 看似迷路了，或在尋找方向。
- 看起來很無聊的樣子。
- 正在搬運很重的物品。

當你找到這些人後，請幫助他們！

這麼做的目的，是發揮互惠的原則。人們一般來說，會想要回報親切的行為或善行。換句話說，倘若你幫助其他人，他們對你會比較好，甚至感覺自己**必須**報答你。因此，在你幫助對方且對方覺得欠你人情以後，這會是開啟聊天的好時機。

　　有一點很重要，我們不能期待任何回報。假如對方很忙或時間點實在不恰當，那也沒關係。至少你讓他們的一天更順利，也讓這個世界變得更美好。

訣竅④：尋求對方的意見

　　這是我最喜歡的方式：尋求對方的意見。我之所以喜歡這麼做，是因為這招百發百中，真的很神奇！而且，只要你開口問，絕大數的人都很樂意表達意見，因為這件事很容易，也沒有殺傷力。此外，徵詢他人意見的好處是，讓對方感覺自己被重視。你基本上就像是在說，「嘿，我很在乎你的想法。你能不能幫助我？」很少人會拒絕你。

　　我最喜歡做的，就是在逛街的時候，尋求別人的意

見。假設我正在尋找合適的衣服。我會說，「不好意思，我真的很需要女性的建議。妳覺得這幾件衣服之中，哪一件比較適合我？」我曾經得到很有意思的答案，也因此開啟了有趣的對話。重點是，這個方法真的非常、非常容易上手。

下列是更多你可以在商店或餐廳中使用的例子：

- 「你最推薦這裡的哪些商品？」
- 「你有試過這個嗎？好用嗎？」
- 「你能幫我決定一下，我該買哪一個嗎？」

重點回顧

- 老生常談完全沒問題。
- 訣竅①：找出共通經歷。
- 訣竅②：讚美加上提問。
- 訣竅③：給予幫助。
- 訣竅④：尋求對方的意見。

CHAPTER

7

—

掌握完美聊天的關鍵鐵則

聊天更重要的是連結與情感，
所以，你的任務就是讓他們覺
得舒服自在。

在你開啟一場對話後，了解聊天的關鍵原則非常重要。你可以將自己視作脫口秀的主持人。現在，請閉上眼睛，用心想像現場的模樣……歡迎來到＿＿＿（你的名字）深夜秀！樂隊演奏。聚光燈閃爍。觀眾興奮地歡呼著。你的第一位來賓走上台並坐了下來。時候到了，該聊天了。

你會做什麼？

你會說什麼？

最重要的是，你希望給予來賓什麼樣的**感受**？

請用一點時間，回想那些出色的脫口秀主持人。或者，乾脆上 YouTube 搜尋一下吉米・法倫（Jimmy Fallon）、克雷格・佛格森（Craig Ferguson）或艾倫・狄珍妮（Ellen DeGeneres）的訪問秀，欣賞這些訪談的第一分鐘。那些主持人全都是聊天專家。講真的，更有人用上百萬美元的代價，專門請他們來聊天。請觀察看看，那些脫口秀主持人的表現有哪些共通之處？他們給來賓什麼樣的**感受**？

聊天時，請把自己想成「脫口秀主持人」

毫無疑問的，脫口秀主持人的首要任務，就是要讓受訪來賓獲得**舒適**的感受。為了讓來賓能侃侃而談（這對**脫口秀**來說自然非常重要），就必須讓他們覺得放心自在。這就是主持人「閒聊」的目的，而它也是能讓人巧妙察覺來賓情緒及個人特質的工具，同時還能讓對方放鬆。

因為與人閒聊，有助於營造非常放鬆愉快的氛圍。而每個人都感到輕鬆自然，也是聊天最基本的原則，或者該說是「規則」。因此，在聊天時，請不要忘記這一點。請將自己想像成脫口秀主持人。你的任務是營造舒適的氛圍，並擔起責任，掌控局面。記住，要想讓對方喜歡你的陪伴，你就必須讓對方能輕鬆以對。沒錯：就是要讓聊天的氛圍是**舒服自在**的。

究竟，如何讓相處狀態舒服又自在？

讓我們回到實務層面。那麼，該如何讓別人感覺舒適？

首先，最簡單的做法，就是讓對方**感覺良好**。而讓對方感覺良好的最佳方式，就是請他們談談自己。這也稱作「自我揭露」。自我揭露往往能讓人們心情愉悅。一份出自哈佛的研究指出，自我揭露能如同性、古柯鹼與美食般，實際觸發大腦的中腦邊緣多巴胺系統（mesolimbic dopamine system）。[1] 換句話說，這感覺簡直太爽了。

而讓對方開始聊自己的最佳方法，就是表現出好奇心與提問。在第8章裡，我們會進一步討論此部分。

另一種能讓別人感覺良好的簡單方法，就是盡可能地使用「**你**」這個字。「你」這個字，能引起對方的注意，就像聽到自己的名字一樣——那個大家都愛聽的聲音。因此，請盡可能嘗試用**你**來取代**我**。即便你在談論自己，也盡量多使用**你**，這能帶來絕佳的效果。

下面是一個簡單的案例。

請想像你正在描述自己的一天：「所以**我**今天早上

五點鐘就起床了，然後獨自一人度過了超級悠閒的早晨。這是一段能讓**我**坐在桌子前，和**自己**思緒獨處的時光。**我很少有這麼愜意的時候。**」

聽起來還可以，不是嗎？

但是，請看看當你換個說法以後，會產生什麼樣的改變：「所以我今天早上五點鐘就起床了，然後獨自一人度過了超級悠閒的早晨。這是一段能讓**你**坐在桌子前，和**你的**思緒獨處的時光。很少有這麼愜意的時候。」

看得出來兩者的不同嗎？

忽然間，故事變得更能引起對方共鳴，聽起來也更舒服了。

兩大技巧，營造聊天的舒適感

另一種讓對方感覺自在的重要方法，就是釋出善意。身為害羞的人，你可能很難想像自己是具有威脅性的。但實際情況下，害羞的舉止反而可能讓人心生畏懼，只因為它很有可能被誤認為是傲慢或其他負面態

度。很莫名其妙,對吧!既然如此,我們該怎麼做?

我有一個非常簡單的建議:**用對待孩子的方式來說話**。

基本上,就是用跟孩子說話的方法,來跟對方講話。這個方法來自人際溝通專家萊拉・朗德絲(Leil Lowndes)。儘管聽起來很荒謬,但這個方法真的有效。只要多觀察,你會發現絕大多數的人在跟孩子講話時,會用另外一種方式。他們會提高聲音,語氣中帶著更多興奮,肢體語言也變得更吸引人。而這就是我們在聊天時,想要傳遞出來的活力!重點在於,不要羞於表達自己的情緒。當然不是要你用娃娃音說話。只是希望你在自然地說話同時,增添一點生氣。

另一方面,你也可以**刻意控制聊天時間**。

當你開始和陌生人講話時,你可以讓對方知道,這場對話不會持續太久。換句話說,這只是場簡短的閒聊。人們不喜歡覺得自己被約束,因此你可以使用類似如「嘿,我要離開了,但在我走之前我想先問你一件事……」等開場白。這能緩解壓力,同時讓你與對方更能投入在當下,享受對話的過程。畢竟,嘿,對話很快就要結束了,對吧?

此一方法的美妙之處，就在於它確實能讓對方卸下心防，往往還能引導出一場精彩的對話。上週，我用這樣的開場白和一個男生開始聊天，我原本預期會講兩到三分鐘，結果最後我們聊了半小時！

用「沒錯，而且」技巧，讓聊天舒暢又開心

　　最後一種營造舒適氛圍的方法，就是親切的態度。畢竟，聊天的目的，是一起度過一段快樂的時光。因此，當別人開口跟你聊些天氣、交通，或隨意的話題時，對方並不是真心想要探討天氣、交通，或那些隨性的內容。相反的，他們是在試著找出能讓雙方產生共鳴的主題。

　　所以，不要反駁他們說的話。

　　請展現你的可親。（另一方面，若要深入交流，之後有的是時間。）

　　我曾經認識一個人，每當我說完某些事情以後，他就喜歡回我，「是嗎，我不清楚這些。」他的反應就好

像在試著糾正我或打敗我。你猜怎麼著？我超級討厭跟他說話，而別人也跟我一樣。

擁有個人意見當然沒問題，但你仍舊可以在不同意別人的情況下，展現自己的親切。

即興喜劇中，有一個原則叫作「沒錯，而且」（Yes, and），這也是創造舒適感的絕佳方法。而大致的規則就是，透過「沒錯」兩個字，全盤接受對方說的所有內容，再以「而且」繼續展開。請將這個過程，想像為製作蛋糕的每一層。對方放上一層，接著你再加上一層。

舉例來說，假如有人說，「我喜歡嬰兒，他們太可愛了。」你可以說，「沒錯，而且他們聞起來也好香！」透過「沒錯」兩個字，你開始和對方交流，「我聽到你說的了，我也懂你。」接著你在對方的想法之上，再添加一些內容，讓對話繼續展開。這真的很美妙。即便你持不同意見，你也可以使用「沒錯，而且」技巧。當你用「沒錯」作為開頭，就能創造出一股舒適的氛圍，然後在這樣的氛圍下，分享自己的看法。

因此，請記得：聊天的最關鍵原則（或最基本條件），是創造舒適的氛圍。聊天的目的遠超過言語的交

換。更重要的是連結與情感，而不是實際得到的資訊。人們會忘記你**說**過些什麼，但他們絕對不會忘記你帶來的**感受**。所以，你的任務就是讓他們覺得舒服自在。

重點回顧

- 聊天的目的，是創造出讓彼此都感到輕鬆的氛圍。
- 記住，讓對方感覺良好。
- 釋出善意，也能讓對方感到自在舒服。
- 聊天時，別忘了展現你的親切感。

IV

過程

引起共鳴

成為名偵探，
掌握聊天的底層邏輯

最具魅力的人，是那些對其他
人感興趣的人。

興奮嗎！在這章裡，你將學會如何與人建立連結。我最愛這個部分，因為這部分正是我們讓聊天變得更有意義的開端。而這麼做，不僅能同時讓對方感覺很好，還能讓你自己不要那麼緊張。

你是不是也「過度關注自己」？

　　身而為人，我們總是過度關注自己。這是本能。而早上起床的第一件事，就是看著鏡子想，「我看起來如何？我感覺怎樣？我早上想吃什麼？我今天想做什麼？」在聊天的時候，情況也同樣如此：「我聽上去怎麼樣？他們喜歡我嗎？」

　　但問題在於，聊天的時候，我們放在自己身上的注意力越多，對外界產生的共鳴也越弱。因此，在這一章，我們要扭轉此一情況。與其專注在自己身上，我們要把所有的注意力轉移到其他人身上。

聊天時，請化身為「名偵探」

比起想著，「我表現得如何？」問問自己，「**他們表現得如何？**」他們的世界發生了什麼事？成為一位真心想了解其他人的名偵探。我很喜歡《超時空奇俠》（*Doctor Who*）及《新世紀福爾摩斯》（*Sherlock*）的編劇兼製作人史蒂芬・莫法特（Steven Moffat）的一段話。在被詢問到自己是如何克服害羞時，他說，「我終於了解，魅力不在於展現風趣，而在於找到別人的有趣之處。」

最具魅力的人，是那些對其他人感興趣的人。藉由關注他人，你可以讓對方敞開心胸，談談自己。如同第7章所討論到的，這就是自我揭露，而這麼做能讓人感覺良好。畢竟，我們最享受的對話，往往是那些聊到自己的對話。這是因為，在分享自己、且別人也願意傾聽的時刻，連結就建立了。

另一方面，如下頁的圖所示，隨著我們透過聊天，主動向他人表達內心的想法、感受等等，就相當於從圖中的左邊往右邊移動。這時，雙方聊天的內容更深入，且開始產生連結。而這樣的對話模式也是我們製造共鳴

的方法。更重要的是，每一次的聊天，我們都可以依循「老生常談→事實→意見→感受」的框架。以下，就來釐清每一項的意義。

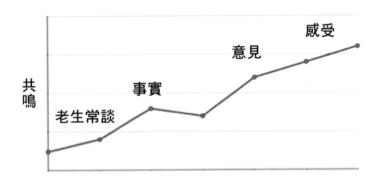

老生常談是人們在聊天時，經常會使用的日常語句和主題，像是「你好嗎？」或「今天天氣真好。」這些是開啟一段對話的人畜無害方法。你在第6章裡，學到了關於老生常談的一切。

事實是指那些不至於過度私人的資訊。舉例來說，談論天氣、時事或週末計畫。這些是非常中立的話題，而且就我個人喜好來看，也是相當無趣的事情。人們並不是真心在乎如名字、日期、數字與日常事件的枝微末節。他們在乎的，是那些讓你之所以與眾不同的地方！因此，這也是為什麼從事實轉移到意見的過程，必須更

用心的原因。

意見是魔法發生之處。意見能讓人與眾不同。這也是你開始真正去了解對方的時刻。意見的例子，包括「我喜歡……」「我不喜歡……」和「我偏好……」等等。

最後，**感受**則是關於特定的情緒，如「我很高興……」「我很興奮……」或「我很緊張，因為……」等等。

老生常談	事實	意見	感受
•「嗨！你好嗎？」 •「最近怎麼樣？」 •「今天天氣真好。」	•天氣。 •交通。 •時事。 •週末計畫。	•「我喜歡……」 •「我不愛……」 •「我偏好……」	•「我很高興……」 •「我很興奮……」 •「我很緊張……」

把話題，從事實帶到「意見」上

多數人會卡在老生常談與事實之間，像是談論著天氣或交通。但如果話題一直停留在這個層面，我們恐怕

也只能**祈禱**能交成朋友了。因為真相是，假如你沒辦法沿著上述的發展軌跡，增加對話的深度，共鳴就不可能產生。確切來說，你應該將重點放在，把話題從事實帶到意見上。換句話說，也就是從**什麼**進入到**為什麼**層面。所以，與其詢問「你住在**哪裡**？」請改問「你**為什麼**想住在那裡？」

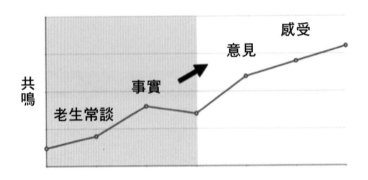

具體的疑問能引導出具體的答案，並帶領對話從老生常談與事實，進入到更深的層次上。即便對方沉默寡言，也會因為你真心在乎的態度，而更願意開口。

請確實把心力放在事實進入到意見的過程（上圖箭頭處）。你必須推進對話，並透過意見與感受的表露，來加深話題。這是關係建立的時刻，也是話題從浮泛、不深入，變得有意義的時候。以下逐步說明其做法：

1. 與其用「你好嗎？」這樣平凡無奇的問句，不妨提出稍微更具體的問題，如「你今天到目前為止還好嗎？」

2. 根據這個問題，繼續提出具體的問題，以實際了解對方的一天。請將這部分想像成搜集線索。

   • 「哪些部分不錯？哪些不好？」

   • 「有沒有趣事發生？」

   • 「今晚有任何計畫嗎？」

3. 從這裡，對話可以推進到更廣泛的主題上。我發現許多人最終花了最多時間，討論工作或家庭。

4. 但無論如何，請繼續詢問能真正反應他們意見或感受的問題。

   • 「你喜歡這樣嗎？」

   • 「你興奮嗎？」

   • 「感覺如何？一定超級棒的。」

   • 「那是你最喜歡做的事情嗎？」

   • 「你是不是被我吸引了？（眨眼）」（開玩笑的，別這麼做！）

發問，是害羞者能用的絕佳工具

如同我說過的，許多人一直在老生常談和事實上打轉，是因為他們並沒有真心想要深入交談。這也是為什麼聊天經常很無聊。但你不一樣。你是真的關心聊的內容。那該怎麼做？答案是，保有你的好奇心，想到什麼就問。對害羞的人來說，「發問」是絕佳的工具。

仔細觀察善於聊天的專家，他們總能提出無數的疑問。問題具備力量。除非問題本身真的很無聊，問題才會給人感覺乏味。相反的，有意義的提問，則能讓聊天變得有深度。

關鍵就在於，保有好奇心，將腦中浮現的問題都說出來。那麼，讓我們來示範一下。假設有人正在聊義大利之旅。你腦中立刻浮現了哪些問題？可能是：

- 「那裡感覺怎麼樣？」
- 「你跟誰一起去？」
- 「你有沒有買到什麼東西？」
- 「為什麼你決定去義大利？」
- 「那裡的食物如何？」

請保有好奇心，不要過濾自己的想法。假如你腦袋突然轉不過來，下面是任何時候都能派上用場的萬用問題：

- 「你是如何……」
- 「你為什麼會……」
- 「那樣的感覺如何？」

　　而這些問題之所以很好用，是因為它們能引導出想法和情緒，進一步推進對話。此外，還有一個任何時候，都可以輕易問出口的問題：「你喜歡……」（Do you like…?）

　　這個問題真的很簡單，卻也很棒。不妨將其視作一條通往個人意見的捷徑。它能引導出來的答案，絕對會讓你驚訝不已。出色的聊天者總是經常使用這個問題。請掃描以下QR Code，看看我最欣賞的主持人佛格森是如何頻繁地使用這招。

從老生常談到感受，掌握聊天的底層邏輯！

簡單來說，請記得關注他人。接著，探索對方的意見與感受。而做到此點的最佳方式，就是保有好奇心，將浮現在腦中的問題通通說出來。為了避免你還不清楚我的意思，請容我提供我學員的真實案例。這個例子展示了他如何透過觀察、化身為名偵探，找出共鳴。請見以下表格。事後，他對我說，「我能確實感受到，對話通過老生常談、事實、意見、感受而構築起來。我擅於建立連結。而現在，我更能有條有理地去做這件事。」

對話	階段
藉由談論我們昨天做了什麼，來開啟對話。而他們昨天做了冥想。	老生常談

對話	階段
之後，對話進入到平時週末他們會做哪些事。他們有一個兩歲的女兒。我則分享自己昨天的行程：在Pinot's palette（按：新興的品酒繪畫課公司，提供邊上繪畫課，邊喝酒的服務）畫畫。	事實

對話	階段
接著，我詢問他們除了工作以外，還喜歡做哪些事。他提到了財務管理。所以我請他提供我財務建議。	意見

對話	階段
接著，我問他在美國的生活如何。他們是否想念在印度的家人與親友？	感受

對話	階段
後來，他建議我能透過親友尋找合適的對象。我也這麼認為，並提出我的想法。接著，我也分享了單身那些痛苦的時刻。	意見與感受

重點回顧

- 人常常花太多時間，想著「自己」的事。
- 聊天時，請化身為「名偵探」。
- 在對話中，引導對方表達意見與感受。
- 保有好奇心地聊天，將腦中浮現的問題說出來。

CHAPTER
9

—

如何創造融洽的聊天氛圍？

你必須凸顯彼此的相似點，
這就是打造融洽關係的關鍵。

在這一章裡面，你將學會如何營造出即刻的融洽感。有些時候，你必須要在短短的幾分鐘內，和對方產生共鳴。因此，我將指導你，如何迅速地與任何人建立起友好的關係。這些技巧超級神，敬請期待一下！

要讓關係投緣，就要⋯⋯

要讓關係投緣，就要先彼此了解，並讓對方覺得「嘿，這個傢伙懂我！」另一方面，這與你多麼了解一個人、或認識對方多久沒有關係。一旦你們的關係很融洽，你會覺得彼此心有靈犀，而且對方確實懂你。你可能曾經有過這樣的感覺，忽然之間和某人的距離拉近了，就好像你認識對方很久很久一樣，但你就是說不清這種感覺到底是怎麼一回事。

對絕大多數的人來說，這樣的情況往往發生在潛意識層面。他們遇見某人，並且很喜歡對方，卻說不出具體原因。在本章裡，我會將這個過程抽絲剝繭地教予你，如此一來，你就能隨心所欲地與任何人建立融洽的關係。

相似性，是拉近彼此關係的絕妙武器

此處，必須了解的關鍵點在於，我們喜歡與自己相似的人。我再強調一次。我們喜歡與自己相似的人。一般來說，人們會喜歡與自己相像的人。這不僅符合人的本性，甚至也獲得了科學證實。例如，人們更願意和與自己較像的銷售員購買商品。[1]就連站的時候，都與自己相似的人站得更近。最瘋狂的地方在於，相似之處可以是任何層面，如：年齡、宗教、習慣，甚至是對食物的喜好。[2]任何相似之處，都能拉近人與人的距離。

重點是，無論這些相似之處多麼微不足道，甚至是傻氣，它們的效果絕對毋庸置疑。舉個例子，有一次我在吃晚餐時，我聽到服務生正說著自己有多麼喜歡花生醬。我興奮地說道，「我也是！」我們擊了個掌，一拍即合。就這麼簡單。

這才是打造融洽關係的關鍵

因此，為了營造融洽感，必須凸顯這些相似之處。

過去，我總以為熱情和有趣，是人之所以備受眾人喜愛的主因。然而，這樣的想法是錯的。事實上，要等到你能與他們建立起連結（在某種意義上，你們是「同類人」），他們才會在乎你是不是有趣的人。

我的意思並不是要你改變自己，迎合他人（永遠不要這麼做），而是改變你的思維模式。我們能透過兩種角度去看待他人。一是留心彼此的不同之處，一是留意雙方的相似之處。

在你與他人之間，永遠存在著不同之處。但與此同時，也一定會有相似的地方。請專注在這些共通點上，然後加以突出。因為，朋友，這就是打造融洽關係的關鍵。只有當雙方都覺得對方了解自己，知道自己在想些什麼，明白自身感受時，共鳴才會產生。我所認識最討人喜歡的傢伙，幾乎都能反射性地做到這些。

從潛意識來改變，讓相處更自在的心理魔法

因此，為了讓關係更契合，你必須強調雙方的相似

性。

而做到這一點的最佳方法,就是配合對方。這個方法也稱作「鏡像模仿與配合法」(mirroring and matching)。你是否曾經注意到,當好朋友聚在一起的時候,經常會做出、甚至是說出很像的話?研究發現,配合法(基本上就是模仿他人的肢體語言與談吐),能讓人建立起信任與融洽的關係。它能在潛意識中發揮作用,讓人們覺得跟你在一起很自在。

這麼做不但能立刻建立相似性,更是培養關係的最有力且自然的方式。下面是你該如何做。

技巧①:肯定對方說的話

很簡單,你需要做的,就是「肯定對方說的話」。

當人們和你分享某些事情時(例如他們的意見和感受,請見第8章),他們正在將一部分的自己攤在陽光下,等待你給予回應。這能讓我們略微窺見對方最真實的一面。因此,你必須讓對方知道你能體會他的情緒和感受,也能懂他的心境。

而藉由肯定對方的言論，我們就能釋放出「我懂你」的訊號。下面是你可以使用的幾個簡單例句：

- 「沒錯。」
- 「確實如此。」
- 「可不是嘛！」
- 「我就說嘛！」
- 「真的！」
- 「我也這麼覺得。」

　　這些只是舉例，請找出你覺得最適合自己的句子。我找到的最佳方法、以及堪稱這些句子之母的範例，就是「沒錯，而且」。請重新翻到第7章，複習這個技巧。簡單來說，就是用「沒錯」去同意對方說的話，再以「而且」進一步增添內容。

技巧②：重複對方說過的話

　　另一種肯定對方的方法，就是配合對方說話的方

式。他們的語速非常快且精力充沛嗎？還是講話慢慢的且語氣和緩？他們的音量很大還是很柔和？

當你設法去配合對方的說話節奏／語調／音量，就會自然而然地跟上對方的體力與精神，進入對方的狀態。不妨想像一下，在你非常疲憊的時刻遇上一個精力充沛的人，絕對會讓你超級煩躁。反之，假如此刻的你興奮極了，碰上那些精疲力竭且熱情燃燒殆盡的人，絕對會讓你的滿腔熱血瞬間冷掉。因此，請透過配合對方說話的方式，以呼應他們的能量狀態。

你也可以重複對方說過的話，讓自己講話更像對方。這個方法非常有效。優秀的交流者就經常會這麼做。基本上，就是將對方的話重新講一遍給他們聽。在心理學上，這就叫做「回聲效應」（echo effect）。這麼做能展示出你聽明白他們的意思，並讓對方喜歡你、相信你。

舉個例子，之前在上班的時候，我幫了同事一把，她對我表達謝意：「任何時候找你就對了。」我簡單地回她：「任何時候。」我沒有試著想出一個幽默的回答，只是單純重複她所說過的話。她笑了，氣氛很輕鬆。我當然可以更活潑地回她「那還用說」，或「妳說

得沒錯」。但用對方說過的話去回應對方，就是最強而有力的答覆。

試試看，你會驚訝地發現這真的有效。

技巧③：模仿對方的動作

最後，當你想肯定對方時，還可以模仿他們的動作。一旦兩個人關係很緊密，就連行為舉止都會很相像。而我們能做的，是刻意模仿對方的肢體語言，從而營造出融洽的狀態。這能讓被模仿的對象，接收到潛意識的暗號。你可以將這個舉動，想像成融入對方的氣場。

因此，比方說，如果你發現對方抬頭挺胸且筆直地站著，請讓自己也站得挺一點。假如他們的姿勢很隨興且懶洋洋的，那麼請放鬆你的姿勢。若是對方說話的時候，身體會些微向前傾，那麼輪到你說話時，也請向前傾一點。要是他們的呼吸很緩慢，請放慢你的呼吸。假設他們的頭歪向一邊，那你的頭也歪一點。

請記得，我們的目的不是百分之百抄襲對方的一舉

一動。相反的，這個過程更類似在心理狀態上，試著與對方同步。一旦人們的姿勢相同，他們的心境也是相似的。舉例來說，我發現人們一起走路時，可以透過兩個人的步伐是否一致，來判斷他們的情緒是否同步。

總結來看，為了營造出契合的氛圍，你必須凸顯彼此的相似點。而做到此點的最佳方法，就是模仿對方的說話方式與肢體動作，去肯定對方。

重點回顧

- 要讓關係投緣，就要先彼此了解。
- 人們喜歡和自己相似的人。
- 你可以透過凸顯彼此相像的地方，來營造融洽感。
- 模仿對方的肢體語言與聲音特徵，能凸顯出彼此的相似性。
- 記住，肯定對方說的話。
- 模仿他人的姿勢、行為和談吐。

Ⅴ

收尾

留好印象

CHAPTER

10

—

從陌生到好感，
好好接話的技術

事實上，你在對方心底留下的
印象深淺，將憑你如何接話而
定。

在本章中，你將學到如何給予絕妙的回應。事實上，你在對方心底留下的印象深淺，將憑你如何接話而定。我會詳細解釋這其中的道理，並給予你簡單可行的話話公式，你可以自行填空。

小心，千萬不要像這傢伙一樣……

我有個朋友叫做艾力克斯。有一天，我們一起吃午餐。那是風和日麗的週日午後，而他正在跟我們身旁的一位女性聊天。我發現無論對方說了什麼內容，他總是一律用「哇，酷喔！」來回答：

女子：我女兒在念大學。

艾力克斯：哇，酷喔！

女子：事實上，她現在人在非洲。

艾力克斯：哇，酷喔！

女子：她主修瀕臨絕種的鳥類。

艾力克斯：哇，這也太酷了！

現在的情況就是：艾力克斯接收了很多那位女性的事，知道她的女兒正在非洲研究鳥類。但她對艾力克斯卻一無所知，除了他認為她說的每一件事都很酷以外。我的意思是，儘管這場對話並不算差勁，我想那名女性也還算樂在其中。但你覺得在她轉身離開後，艾力克斯能在她心中留下深刻的印象嗎？不大可能。這也解釋了「如何回話」之所以非常重要的原因。

想一想：你是在交流，還是在自說自話？

　　為了留下印象，你必須去感同身受對方說的話。假如沒能做到這點，那麼這段經驗就稱不上交流（不過是自說自話罷了）。因此，我們想要做到的，就是能夠深刻理解、並呼應他人的心情與經歷，讓對方留下印象。畢竟，當你能對別人說的話有同感，他們就會記住你是和他們有所共鳴的人。

　　在第8章與第9章裡，我們學到如何在對話中引導出意見和感受，並配合對方的狀態。但是現在，不能無

條件採取與對方相同的說話方式，不然只會讓氣氛變得很奇怪。同樣的，你必須分享自己的意見和感受！而你可以靠著將心比心的態度，去理解對方說的話，來做到這一點。還記得下面這張圖表嗎？

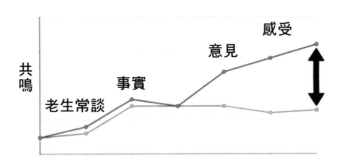

請將顏色較深的那條線，想像成另外一個人。留心他們是如何沿著意見與感受的點在移動。再來，請想像顏色較淺的那條線是你。觀察你是如何停留在事實那一層級的高度上。現在，看到你跟另外一個人之間的巨大落差了嗎？

這就是當你沒能分享自己的意見與感受，會發生的情況。對方敞開心扉，你卻停滯於事實層面。共鳴因此中斷。

為了創造真實的連結，雙方就必須交流分享。

因此，曲線看起來應該更像這樣：

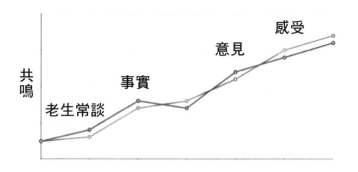

這就是為什麼給予回應很重要。到頭來，你不能總是在肯定對方。如果你不和對方分享自己的想法，他們就無法和你產生共鳴。那麼，做到此點的最佳方式是什麼？答案是，表達自己很能同理他們說的內容，彷彿自己也曾遭遇過一般。

用萬能的聊天公式，做出絕妙回應

你不需要很聰明，你唯一需要做的事，就是對他們所說的話，有深刻理解，並體察對方的感受。好了，那麼你該怎麼做？有一個非常簡單的填空公式：「這實在

太＿＿＿＿＿＿＿＿，因為＿＿＿＿＿＿＿＿。」

請簡單地在空格處，填寫自己的想法與感受。事情就是這麼簡單。因此，艾力克斯可以用以下方式，來取代原本的回應：

- 「這實在太酷了，因為鳥真的是很令人著迷的動物。」
- 「這實在太酷了，因為我從來沒有聽過別人這樣做。」
- 「這實在太酷了。我一直想去非洲。」

請隨心所欲利用任何你喜歡的詞彙，來取代**酷**：

- 「這實在太棒了。」
- 「這實在太有趣了。」
- 「這實在太讓人興奮了。」
- 「這實在太搞笑了。」

關鍵在於，句子的態度是正面的。

碰到沒興趣的話題，怎麼辦？

　　讓我來示範，「對任何話題，都能找出共鳴點」有多麼簡單。首先，請想著餅乾。坦白說，餅乾不是什麼有趣的東西。它就是簡單且日常的物品。在前文的圖表中，我們會將其歸類在「事實」範疇之下。但請花一點時間認真思考餅乾，然後找出腦中某些與餅乾有關的回憶。你想到了哪些故事？冒出了哪些想法？有沒有迸出任何感覺？

　　對我來說，我很喜歡經典的巧克力豆軟餅乾。就我來看，巧克力豆軟餅乾堪稱餅乾之王。沒有人能打敗它，尤其是那酥脆的外緣，溫熱濕潤的內層。這樣實在太完美了。還有更棒的，就是在吃的時候，再加上一勺香草冰淇淋……老天，這實在是絕頂美味，更讓我想起童年時光。

　　你有發現，我是如何用「餅乾」，引導出自己的經驗和意見嗎？重點是，聊任何話題，其實都有辦法從中找出與自身的共鳴點，即便是那些你完全不懂的範疇。讓我們再看一個範例，了解在對話中該如何做到這點。

　　假設你在和一個人說話，而你發現對方是超狂熱的

跑者。他們開始說著自己有多麼熱愛跑步。這時，你就可以用以下的回應方式，做到將心比心的共感。

選擇一：假如你**也**熱愛跑步，那就太棒了！請使用填空公式。舉例來說，你可以給出下列回應：

- 「這實在太**棒**了，因為**我過去是跑田徑的。**」
- 「這實在太**有趣**了，因為**我最好的朋友剛跑完一場馬拉松。**」
- 「這實在**太巧**了，因為**我剛看完尤賽恩·波爾特（Usain Bolt）的紀錄片。**」

只要你能建立連結，無論聊什麼都可以，並運用「這實在太＿＿＿＿＿，因為＿＿＿＿＿」句型。很簡單，不是嗎？接著，假如你希望話題能繼續推進，只需要進一步追問，像是「你是如何愛上跑步的？」或「你跑步跑多久了？」或「你會參加比賽嗎？」

選擇二：現在的情況是你對他們所說的內容，**一點共鳴都沒有**，腦中更是毫無想法。那麼，你該如何建立連結，凸顯你們的共通性？你所需要做的，就是沿著共鳴那條曲線移動，然後在情感層面下功夫。因此，讓我

們移動到感受。

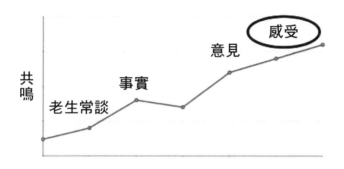

畢竟，人不可能永遠都剛好抱持著與對方同樣的興趣和意見，但這也沒關係。你能做的事，就是感同身受對方的心情。感受對方的興奮，讓自己跟對方一樣，為著這個話題而興奮。

舉例來說……

- 他們因為健行而興奮不已，但你一點也不。這時，請拿出同等的活力，聊一些相關的事情，像是大自然或運動。
- 他們超級喜歡《魔戒》，但你對這部作品完全沒概念。同樣的，拿出同等的活力，談論某些相關的事情，像是其他的奇幻電影或一般電影。

關鍵在於，無論你對他們談論的話題是否有深刻感觸，你都能給予相應的回應。一場對話需要來回往返，而想法必須是雙向流動。你可以利用「這實在太＿＿＿＿＿＿，因為＿＿＿＿＿＿」公式，展開對話。

重點回顧

- 在聊天時，對他人的言論，展現深刻理解，並體察對方的感受。
- 同時，也別忘了分享自己的意見與感受。
- 記住，你對任何事情，都有辦法感同身受。

終結尬聊！
掌握結束聊天的時機與方式

最後印象遠比第一印象強烈，
因為最後印象決定了對方如何
記住你。

最後一步，是關於你該如何結束對話。我將指導你該如何順利做到這點，同時讓對方記住你。這些技巧超級有效，甚至能讓人在下次見面前，一直對你念念不忘。

最佳離場時機

我們聽過很多關於第一印象的理論，也知道它們有多重要。但很少人提最後印象。然而，最後印象遠比第一印象強烈，因為最後印象決定了對方如何記住你。這是他們在跟你聊天以後對你產生的感覺。而留下好的最後印象，會讓對方期待未來再次與你碰面。

另一方面，最後印象的建立在極大程度上，與你如何結束對話有關。這件事並不容易。畢竟，你絕對不希望自己的舉動顯得過於無禮或笨拙。因此，我將指導你該如何以最佳方式離場。

但是首先，你必須了解對話的構造。下頁圖中的山丘，代表一場對話。具體來說，上坡與下坡代表了活力等級的上升與下降。

山丘代表著對話

　　左側是對話開始之處。隨著人們朝圖片右側移動，並創造出融洽的氛圍，其活力等級也逐漸上升。但所有對話都會在某個時間點下，或許是兩分鐘，也或許是兩個小時，開始放慢，活力等級也漸漸減少。這種情況非常正常，事情就是如此。

　　但關鍵來了。**何時**退出對話，會造成截然不同的影響。絕大多數的人，會等到活力枯竭才結束對話。但這麼做很尷尬，還會留下「怪怪的」最後印象。相反的，你所需要做的，就是在活力升到最高峰、對話進入到最熱烈階段時，轉身離開。這麼做能讓你在別人心裡留下超棒的印象。

　　這是為什麼？因為「蔡格尼效應」（Zeigarnik effect）發揮了作用。俄國的心理學家布盧瑪・蔡格尼（Bluma

Zeigarnik），發現了我們的腦袋有一種很神奇的機制。這部分稍後會再解釋。現在，先來學習該如何確切地辦到這一點。具體來說，要漂亮地結束對話，總共有三步驟。

步驟①：以肢體接觸來中斷對話

你要做的第一件事，就是以肢體接觸來中斷對話。比方說，輕輕地碰觸對方的肩膀或手臂，停留的時間不要超過兩秒。這麼做能達到兩個目的。第一，因為你進入了對方的個人空間，這個動作就像按下暫停鈕。對於那些喋喋不休、不給你任何插話機會的人來說，這個招式非常管用。

第二，這麼做能確實發揮效果，創造緊密感。當你觸碰某人時，他們與你的連結會更強烈，尤其當這樣的觸碰出現在對話的高潮時刻，也正是你即將離開的時候。

步驟②：遺憾地表示要離場

現在，你已經引起所有人的注意，下一步就是抱持著惋惜的心情離開現場。此刻你必須做的，就是怪自己因為還有其他要完成的事，所以需要離去。當你依依不捨地結束對話，不僅能展現出你很享受這場對話，還能同時顧全對方的自尊心。你之所以離開，不是因為你不想跟他們說話，而是還有其他事情要做。

下面是幾句你可以使用的範例：

- 「我需要去跟XXX說件事……」
- 「我得去顧……」
- 「我必須……」
- 「我答應過自己，我一定要去……」
- 「我想看一下……」

最重要的一點，就是絕對不要在此刻說謊！誠實說出你等一下要做的事，然後去做。

步驟③：以「懸念」劃下句點

最後一個步驟，就是以未完待續的懸念，劃下句點。舉例來說，你可以留下這樣的話：

- 「噢，對了，提醒我跟你說……我覺得你一定會喜歡。」
- 「我對你的……很感興趣，下次我們再聊！」

你要在對話最熱絡的時刻，透過肢體碰觸來中斷談話，帶著遺憾抽身，再以未完待續的懸念劃下句點。這麼做能讓你在對方腦中留下正面的印象，並讓對方再次跟你聊天以前，總是不斷地想起你。這就是蔡格尼效應的力量。

善用「蔡格尼效應」，讓對方深深記住你

蔡格尼效應原理如下：比起完成的事，人們更容易記住未完成的事。心理學家蔡格尼在餐廳用餐時，發現

服務生總能驚人地記住極其複雜的點單,但等到餐點上齊以後,這些記憶卻又瞬間消失了。

無論是基於什麼原因,當一件任務尚未完成時,大腦會牢牢記住它,直到事情結束。這或許是內建在大腦裡的安全機制,好防止我們忘記重要的事情。

數十年來,電視產業就很好地利用了這樣的機制,讓人們每週定時打開電視。在我超級喜歡的電視劇《絕命毒師》(*Breaking Bad*)的第三季最後一集裡,傑西‧平克曼(藥頭)用槍指著蓋爾‧博蒂徹(科學家)。他必須殺了蓋爾,儘管他真的不想。槍在顫抖,眼淚在他的眼眶裡打轉。「你不必這麼做……」蓋爾哀求。「砰!」畫面一陣亮,接著轉黑。

噢,我的老天爺!傑西殺了蓋爾嗎?搞不好他沒射準。到底發生了什麼事?

而觀眾感受到的緊張,就是蔡格尼效應。它們就這樣一直困擾著我們,在腦海裡揮之不去,直到得到答案。這也是為什麼「優雅離場」之所以有效的原因。倘若在對話最熱絡的時刻,留下未完待續的懸念,就能牢牢抓住對方,讓對方深深記住你。

因此,簡而言之,聊天時,請於對話進入最高潮時

刻，依循下列步驟：

1. 利用肢體接觸，打斷對方談話的節奏。
2. 帶著依依不捨的心情，道別離開。
3. 最後，在結束對話時，帶點懸念。

重點回顧

- 最後印象總是留得更深，具有深遠且長期的影響。
- 要結束交談，首先，利用肢體碰觸，來中斷對話。
- 再來，帶著遺憾的心情，表示要離開談話現場。
- 最後，在收尾時，留下懸念。

VI

加分技巧

如何避免尷尬的冷場窘境？

掌握對話線索，
告別句點王

聊天時，承襲先前話題，提出
有關聯的內容或問題，讓對話
延伸下去。

歡迎來到加分技巧的部分。在本章中，你將學到能讓你永遠不乏話題可說的簡單方法，這個方法就叫做「掌握對話線索」。假如你在對話時突然腦中一片空白，這個技巧能幫助你避開那些尷尬的沉默。

「讓話題不再一下就乾掉」的關鍵藏在……

　　下面是「對話線索」的最基本概念。當你在跟某人對話，所謂的「線索」就是讓你感興趣的事物。它可以是：

- 一個字詞。
- 一個議題。
- 一個想法。

　　對話中，會出現無數條線索。請仔細留意，因為每一個字都可能成為潛在的對話線索。而掌握對話線索，就是在聊天時，承襲先前話題，提出有關聯的內容或問

題，讓對話延伸下去。因此，其他人在說話時，你要留心那些讓你感興趣的小地方（或對話線索），然後利用它們來推進對話。

比方說，假設某人提到，「今天我帶著我的狗去了公園。」

「今天我帶著我的狗去了公園。」

這句話看上去很簡單，但裡面塞滿了大量資訊。在這十二個字裡頭，你可以找到三個對話線索。而這三條線索能分別開啟新的對話。

例如，你可以談談**今天**：

- 「今天真是去公園的好日子。」
- 「你今天還有其他計畫嗎？」

或是，你也可以聊聊**公園**：

- 「你去了哪個公園？」
- 「去年我去了優勝美地國家公園。」

或者，你能聊聊狗：

- 「你養的是哪一種狗？」
- 「狗最棒了。」
- 「《報告狗班長》（*Dog Whisperer*）那個節目超級好看的。」

　　隨意挑一個你最感興趣的話題。這麼做能自然而然地將對話從一個主題，換到另一個主題。很多人都因為過分擔心自己到底要說些什麼，而錯過了這些線索，但後者才是讓對話流暢的關鍵。話說回來，此刻的你或許會覺得這些內容聽起來很雜亂。畢竟，從一個主題跳到另一個主題，難道不會讓對話變得很奇怪嗎？真的可以隨便挑一個線索，然後自顧自地聊起來嗎？

真的能想說什麼，就說什麼？沒錯，只要……

　　這個技巧的絕妙之處就在於，你確實可以想說什麼，就說什麼。儘管這些內容看似隨機，但只要它們與其中一條線索確實有關，那就沒問題了。這麼做不僅自

然，還能讓對話流暢地展開。

　　一旦你開始運用這些線索，對話就能發展出新的面貌。這也是為什麼「掌握對話線索」相當有效的原因。你不需要準備故事，也不必擔心自己等一下到底要說些什麼。你只需要聆聽，找出線索，給予回應，然後重複這個流程。就這麼簡單，且超級有效。

重點回顧

- 「線索」就是讓你感興趣的資訊片段。
- 留心線索以延續對話。
- 你可以承襲先前話題，提出有關聯的內容或問題，來讓對話進行下去。
- 聊天中的線索，是讓話題自然流暢的關鍵。

—

用「專屬於你們的笑話」，
越聊越有默契

這就好像跟死黨一起，創造出
彼此心照不宣的笑話。

讓我們來談談，我超級喜歡的技巧：「呼應」之前聊過的話題。這很好上手，而且我向你保證，它絕對能讓你的社交技巧更上一層樓。在本章中，我會向你展示該怎麼做，以及這個技巧之所以了不起的原因。

　　在第12章，我們已經討論過對話線索，以及如何用它來延續話題。你留心線索，挑出一個，進一步展開，以此類推。但倘若你卡住了，那麼「呼應」之前聊過的話題，是另一個能讓你避免陷入尷尬沉默的絕妙技巧。我之所以如此熱愛這個技巧的原因，就在於它集兩大優點於一身：

- 一方面，你確保了話題延續下去。
- 另一方面，還能營造出相談甚歡的氛圍。

　　下面，是執行的方式。

向喜劇演員學習，聊出歸屬感

　　在不同的對話情境下，重新提起之前說到的事，就

叫做「呼應」。亦即在你們結束了一個話題，內容繼續推進以後，再次提及講過的話題。但是這一次，將這個內容套用到新的對話中。換句話說，就是套用在不同的情境上。

假如你曾經看過單口喜劇，會發現喜劇演員經常使用此技巧，用一個新的笑話來呼應之前的梗，因為這麼做能創造出**熟悉感**。出於某些考量，喜劇演員會把之前講的笑話內容重複一次，即便這個梗第一次聽得時候沒那麼有趣，第二次出現的時候，卻不知怎麼地變好笑了。因為大家熟悉了，而且也會發現觀眾笑得更大聲。這就好像跟死黨一起，創造出彼此心照不宣的笑話。每一次當你們見到彼此的時候，都可以拿出同樣的故事或笑話來說，且永遠都不會過時。這個做法實際上，能強化你們之間的歸屬感，營造熟悉的氛圍。

「聊過的事」，能成為很好用的笑料

回到聊天這件事情上，我們也可以利用「呼應」，來創造同樣的效果。你所需要做的，就是挑一個你們聊

過的主題（沒錯，什麼主題都行），然後把它默默收進你的腦袋裡。接著，等到時機出現，將它套用到新的話題中。砰！心照不宣的笑話就此誕生了。

不要忘記，真的是任何聊過的事情，都可以用在新的話題上，達到前後呼應。在聊天時，扣回之前聊過的事，真的非常簡單，效果也很強大。它能帶給別人熟悉感，而這正是讓人們笑出來、或產生共鳴的關鍵。在整個聊天的過程中，你甚至可以利用同一個梗，創造出連貫的話題線。這個技巧真的很棒，也很好用。試試看！（更多細節與影片攻略，請翻到本書最後的〈30天全方位閒聊指引〉的第29天。）

重點回顧

- 透過「呼應」之前聊過的話題，來創造專屬於你們的笑話。
- 在不同的情境下，再次提及之前的話題。
- 請記得，任何聊過的事情，都可以用在新的話題上，達到前後呼應。

學會聊自己的故事，
把聊天變有趣

如同分享自己的看法，吐露情
緒同樣也可以幫助其他人認識
你，創造連結。

避免陷入尷尬沉默的其中一大關鍵，就在於能否聊聊你自己。許多人在這一點上會陷入掙扎，因為他們以為自己的生活很無趣，也沒有什麼事情可分享。但這絕對不可能是真的！我知道，把自己的事拿出來講，可能會令很多人卻步。但請不要擔心。在本章裡，我將教你該如何用能引起別人共鳴的方式，談談自己的故事。

分享看法，給別人「更懂你」的機會

　　最大的錯誤，就在於不願說出自己的看法。相較之下，我們寧願說些「還好」或「我不知道」的話。然而，在與他人建立關係上，「分享」是非常重要的過程。畢竟，說穿了，沒有人會因為一句「還可以」就產生共鳴。更沒有人會因為一句「我不知道」，產生連結。所以，請分享你的看法，否則別人沒有辦法與你互動。就算你的看法是「說真的，我根本不在乎」，也絕對好過於不說出口！

　　我知道，這麼做會讓人害怕，你不希望被別人評判。但如果你不願意和別人交換心得，是無法交流、建

立感情聯繫的。另一方面，分享看法能給別人一個「更懂你」的機會，並記住你。倘若你不願發表任何意見，只會被背景雜音淹沒。關鍵點在於，不要因為自己的意見不同而羞於開口。畢竟，每個人都有不同的想法、各持己見，是聊天中再尋常不過的情況。

不敢開口的人如何學聊天？多留意自己的興趣

假如你習慣閉口不談自己的看法，那麼或許需要花一點時間，來踏出第一步。而思考簡單的事物（如喜惡偏好），會是很好的起點。首先，坐下來，拿出一張紙，分隔出兩欄：「喜歡」和「不喜歡」，然後列出你喜愛與討厭的事情。

比方說，你對食物、音樂，或不同類型的人、習慣或活動，有什麼樣的好惡？第一步，就是釐清你喜歡的事物。請用五分鐘來進行這項活動。

你分享的內容，必須帶有「情緒」

　　如同分享自己的看法，吐露情緒同樣也可以幫助其他人認識你，創造連結。所以說，在聊自己的事時，請盡量使用帶有情緒經驗的用語。這也意味著，與其講述中立且簡單的事實，還不如分享你對那些事的感覺。而且，內容不需要太複雜或艱澀。重點是，在描述事情時，請多用能表達情緒的詞彙。

　　舉例來說，假設有人問你剛剛吃了什麼。與其回答「吃了一個漢堡。」請說「我超愛漢堡的！這是我本週吃過最棒的食物。」你是否明白為什麼第二種方式的回答，能讓對方對你產生更多的共鳴？

永遠記得：主動延伸細節很重要！

　　同樣的，延續上一個論點，與其用簡單事實來回答問題，不妨交代更多的細節。假如有人問你，「你在哪裡工作？」比起回答「行銷公司。」請說「市中心一間小型行銷公司。我想更了解如何向男性推銷內衣。」當

你給出更多的細節，就等同給予對方更多的談話線索（請見第12章）。

三步驟，在聊天中說好自己的故事

最後，透過一個小故事（但不需要高潮迭起，也不必過分冗長），來談談你自己。小小的故事也能帶來大大的奇蹟。這些故事之所以大有幫助，是因為它們能讓對方跟著你展開一趟旅程。回想那部你最喜歡的電影。你知道裡面的角色，對他們如數家珍，非常熟悉，並見證了那些人物的成長。同理，故事能讓人們更清楚你是誰，明白你的看法。

而這些故事有一個萬用的架構，構成了開場、中段與結尾。而這三個部分，分別是：

1. 背景。
2. 衝突。
3. 結果。

這三個部分會建構出所謂的故事弧（story arc）。每一次當你在說故事的時候，都要依照這個最基本的結構。這就是你要做的一切。

　　首先，就從**背景**開始。這個部分就像是勾起別人注意力的誘餌。對方必須先知道關鍵內容，如最重要的背景提示等，才能消化接下來的故事。這個部分請務必維持簡短扼要。有些人甚至能用一句話，來完成這個步驟。

　　接著是**衝突**。每個故事都需要一個衝突，請盡早將它點出。讓這個衝突早點登場非常重要，因為唯有如此，才能讓聽者明白自己為什麼應該要關心，又為何應該要聽完你講的故事。所謂的衝突，可以是好vs.壞、人類vs.自然、他人vs.自己。任何主題都可以──就算是我vs.新餐廳這樣搞笑的內容，也沒問題。

　　以**結果**來收場。每個故事都需要一個結尾。結局能讓人們得到解脫。一旦衝突有了結果，故事也有了目的。話說回來，結果並不一定要是快樂或有趣的，但一定要收尾。因此，分享任何故事時，問問自己，「我最想要表達的是什麼？」

　　下面是一個非常簡單的例子：

1. 背景：「所以，我昨天去試了一間新的壽司店……」

2. 衝突：「然後我在壽司飯下面發現了一隻蟑螂……」

3. 結果：「千萬別去那間餐廳！」

　　沒有什麼太瘋狂或太複雜的內容，就是一個很簡單的架構，能讓你說出短小精悍的故事。當然，你的故事長度可以超過三句話。但請記住自己想要表達的重點，並根據此重點來增添細節。

重點回顧

- 別忘了，分享自己的看法。
- 假如你習慣不談自己的意見，先從「留意自己的興趣」開始。
- 你分享的內容，必須帶有「情緒」。
- 與其用簡單的事實來回答問題，不妨交代更多細節。
- 透過小故事，來談談你自己。

VII
精華回顧

聊天，
真的有方法可循！

千萬不要忘記重點在於人與人
的共鳴,而不是交換資訊。

我希望這本書能讓你大開眼界，並扭轉你對聊天的看法。聊天是開啟人生許多機會的好方法。而每一次的聊天，都能讓我們交到更多的朋友，並讓這個世界更友善。因此，讓我們停止對聊天的不屑一顧，重拾其本該具備的意義：通向所有人際關係的道路。

要成為聊天大師，你必須記住……

此刻的你，正朝著聊天大師的目標前進。下面是截至目前為止，你所學到的重點回顧：

- **產生共鳴比獲得資訊更為重要**。聊天是一種社交活動，需要啟動我們的社交腦。因此，千萬不要忘記重點在於人與人的共鳴，而不是交換資訊。不要陷入過度分析或拘泥於字面意義的情況。聊天的目的，是讓我們以較沒壓力的方式，去了解他人。同時，聊天也是一條通往更深入關係的路徑。

- **把自己拋在腦後**。這點非常重要。有太多時

候，害羞的人總是過分關注自己。不斷想著，「這聽起來很奇怪嗎？」「我是不是超彆扭的？」「如果他們不想跟我說話怎麼辦？」請將思緒從自己身上抽離，轉移到外界，注意別人。與其想著「我表現得怎麼樣？」不如將注意力放到別人身上，並思考「他們表現得如何？」

- **老生常談也很好**。在開啟一段對話時，你不需要凸顯自己有多聰明。你也不必刻意表現得與眾不同，從最輕鬆的地方開始就好。而我教給你的四種方法，就是最好上手、最簡單且幾乎能預防大腦當機的做法。

- **凸顯相似之處**。人們喜歡那些與自己相像的人。因此，為了引起共鳴，你可以凸顯彼此的相似點。而做法是，首先，引導對方分享意見與感受。接著，肯定對方說的話。最後，分享自己的觀點與心情。記住，你不需要百分之百同意對方所說的話，重點在於對他們所說的話，展現出深刻理解，並體察對方的心情。

這些就是你必須謹記在心的關鍵摘要。接著,是一份更為詳盡的步驟分析,你可以把它當作聊天的教戰守則。不妨將這份摘要視作你個人的聊天小抄。總共有三個簡單步驟:

1. 開啟對話。
2. 引起共鳴。
3. 留好印象。

1. **開啟對話**。請從這四個簡單的對話開啟術中任選合適的,來展開話題:(1)針對你們的共通經歷表達意見;(2)讚美對方並提出問題;(3)給予幫助,或(4)詢求對方的意見。請化繁為簡,因為就算是老套常用的方式也很好。請記得,我們的目的是讓對方感覺良好、不要有任何壓力,從而創造出舒適的氛圍。

2. **引起共鳴**。接著,開啟「偵探」模式。拿出你的好奇心,想到什麼問題就問。這將帶領你通過四個階段:從老生常談到事實,到意見,再到感受。

- 記住,把重點放在引導出對方的意見與感受。換而言之,將重心從**什麼**轉移到**為什麼**。以具

體的問題，引導出具體的答案，並帶領你們從老生常談與事實，進入到更深的話題。

- 藉由模仿對方的肢體動作、聲調、語言習慣等等，與凸顯彼此之間的相似之處，來表達認可與理解。

3. **留好印象。**

- 以同理、將心比心的態度，分享自己的意見與感受。

- 利用「這實在太_____，因為_____」公式。

- 最後，在對話氣氛最熱絡（例如，大家正笑著）的時候離場。你可以簡單地觸碰對方的手臂或肩膀兩到三秒鐘。接著，誠實交代自己正打算去做什麼，再充滿遺憾地離場。同時，留下未完待續的懸念，讓對方還想知道更多關於你的事。

任何一次對話，都是重複這三個步驟

就像這樣。就這麼簡單。誰都能做到。假如你**真的**希望再化繁為簡，請記得以下三個步驟。畢竟，任何一次對話，都是反覆不斷地重複這些過程。請將這三個步驟，視作建立對話的基石：

1. 引導對方分享意見與感受。
2. 肯定對方所言。
3. 分享自己的觀點與心情。

我建議你在接下來的30天裡，每天都重新複習這一章。在每一次對話前後，也都複習一遍。閱讀這部分，直到它在你的潛意識裡扎了根。

記住，只要一點點的野心與冒險精神，你就能展開一段滿富機會的精彩新人生！

VIII
實戰

30天全方位閒聊指引

準備聊天去

　　我知道這本書裡有非常多的資訊。而這份〈30天全方位閒聊指引〉，是一份能讓你透過聊天，與任何人產生共鳴的簡單、且易於實踐指南。無論你是初出茅廬的新手，或有經驗的老手，它的設計都能讓你在接下來的30天裡技能升等。

　　如同所有的技術，這份技術也需要練習、練習、再練習。但請放心，透過每日的練習，你能打造出重要且必備的思維與技巧。而且，在不知不覺間，成為聊天達人，並和對方打成一片。而聊天最美妙的地方，就在於它真的不難，因此人人都能精通此道。每一天，這份實戰指引都會帶著你再向前一步。興奮嗎？那就讓我們開始吧！

- **目標**：能輕鬆自如地接觸他人，並與所有遇到的人建立連結。
- **適合對象**：希望能打造更具意義關係的人。
- **需要的條件**：有毅力且願意行動。

● **該怎麼做**：每天騰出三十分鐘閱讀這份指南，並完成推薦練習。倘若你錯過了一天，也沒關係，只要從你落下的那邊繼續開始即可。

使用原則

　　〈30天全方位閒聊指引〉列出了每一天你需要進行的任務。我們從零開始，一次一小步地往上爬，每一次都是從上一次的落腳之處開始。在接下來的30天裡，你將心無旁騖地沉浸在該計畫中，磨練自己的祕密技能。請追隨這份計畫，同時享受沿途的風光。

　　為了把效果最大化，請確保自己**每一天**都持之以恆地執行。你將透過在家與在外面的簡單且實地演練，學會這門技巧。有些練習會比其他練習來得困難，但沒關係。請繼續嘗試並做出改善，無論這些改善看上去是多麼地微不足道。每一天，你都會成長一點，而這些全都會在你的現實人生中開花結果。

　　如果你不小心錯過了一天，不要擔心，隔天繼續加油。假如你因為某項練習而陷入瓶頸，覺得自己沒辦法自在地繼續下去，那也沒關係。多花幾天時間重複這項練習，直到你能習慣為止。

　　最重要的，是專注於自己的目標，並持之以恆地採取**一致**且**日復一日**的行動。如同成功學大師羅伯特・柯

里爾（Robert Collier）所言，「成功，是日以繼夜不斷重複的微小成功加總。」

你真的很想會聊天？跟著行事曆安排出發吧！

後文會附上這30天的行事曆，清楚指引你該完成的事項，以及執行方式。你可以每天看一遍這份行事曆。這樣做能時刻提醒自己，取得了多大的進展，並帶來激勵與啟發。

「取得先機的訣竅，就在於懂得邁出第一步。而邁出第一步的訣竅，則在於將異常繁瑣的任務，拆解成可消化的小任務，再從第一個任務著手。」

——馬克．吐溫

接下來的30天，共分成三大階段：

1. **激發動機**。第1天到第3天，我們的重心會全部放在「動機」上。你可以將此視為替汽車加滿油。畢竟，要是沒有充足的燃料，車子就不可能跑得動。

2. **思維模式**。第4天到第6天，則會著重在思維模

式上。這個部分非常重要，因此這部分的練習將在之後反覆出現，直到最後一天。但在一開始，以「擁有正確的思維模式」的方向來努力，是最要緊的。這將奠定你未來每一次對話的基礎。

3. **練習**。從第7天到第30天，則會把重點放在練習、練習、再練習。而這段期間的練習重點，將分為三大階段，前文也個別介紹過：開啟對話、引起共鳴，以及留好印象。

你或許會發現，行事曆中的每一格，都有兩項內容。第一項是目標，也就是「該達成什麼」。這點出了當天你該努力的方向。第二樣（括號內）則是練習，亦即「行動建議」，指引你該如何達成此一目標。

讓我們以右頁表格中的第1天為例：

- 表格中的「動機」，對應的就是第1天的「目標」，即努力激發動機。
- 表格中的「願景」，指的是第1天的「行動建議」，即描繪你的願景。

30天全方位閒聊指引

第1天	第2天	第3天	第4天	第5天	第6天	第7天
動機（願景）	動機（為什麼）	動機（信念）	思維模式（平衡思維）	思維模式（減少自我審查）	思維模式（幫助他人）	開啟對話（打招呼）
第8天	第9天	第10天	第11天	第12天	第13天	第14天
開啟對話（問問題）	開啟對話（觀察）	開啟對話（稱讚並提問）	開啟對話（伸出援手）	開啟對話（尋求意見）	開啟對話（自由選擇開場白）	引起共鳴（偵探模式）
第15天	第16天	第17天	第18天	第19天	第20天	第21天
引起共鳴（搜集事實）	引起共鳴（找出意見）	引起共鳴（挖掘感受）	引起共鳴（「沒錯，而且」技巧）	引起共鳴（模仿對方的說話方式）	引起共鳴（重複對方說過的話）	引起共鳴（模仿對方的肢體動作）
第22天	第23天	第24天	第25天	第26天	第27天	第28天
留好印象（獨白遊戲）	留好印象（讓對方覺得你懂他）	留好印象（分享你的意見）	留好印象（分享你的感受）	留好印象（說個小故事）	留好印象（優雅離場）	自由發揮（從對話中找線索）
第29天	第30天					
自由發揮（「呼應」聊過的話題）	自由發揮（享受吧）					

透過這樣的方式，來為每一天安排易於消化的練習。只要你能在接下來的30天裡，完成每日練習，就能讓自己脫胎換骨。

你希望透過聊天，達成什麼願景？

目標：努力激發動機。

行動建議：描繪你的願景

歡迎來到第1天！今天，我們將從最重要的事著手：你的動機。畢竟，人必須要有強烈的動機，才能繼續前行。當你萌生放棄的念頭時，這份動機能激勵你，讓你繼續努力。

而動機的品質，將會決定你得到的成果。

為了塑造動機，首先請想像你希望自己的未來是什麼樣子。你付出這一切的努力，是期盼得到**什麼**？而你說出的答案，就是你的願景。這份願景就像是天空中的北極星，為你指引方向。這將是你所要奔赴的遠方。你所做的每一次努力，都是為了讓自己更靠近終點。

而之所以必須進行這個步驟，是因為唯有將我們期盼達成的目標，轉化成大腦內的一幅願景，這個目標才

有可能成真。比方說,假如你希望烤蛋糕,那麼首先你就必須將這個念頭具象化。若是你希望自己站起來,走到外面,開車到商店,那麼在進行這些事情以前,你必須先想過這些事。這背後的道理,跟我們現在要進行的任務相同。

　　現在,就來描繪一下,你希望聊天能讓你成就什麼樣的未來:

1. 拿出一張紙,在最上方列出接下來的每一天:禮拜一、禮拜二、禮拜三、禮拜四、禮拜五、禮拜六、禮拜天。

2. 現在,在每一天的下方,寫下你通常在這一天中會去的所有地方。請全部列出來。(例如,禮拜一到禮拜五,你會去公司上班;禮拜二和禮拜四你會搭公車;禮拜一會去超市採買。)

3. 在每一個地點的旁邊,列出你通常會遇到的各類人。(比方說,在公司的時候,你可能會遇到同事、上司、老闆、客戶,或是清潔人員;在商店裡,或許會遇到收銀員、肉販或其他商店老闆。)

4. 審視自己的清單,並開始想像如果和這些人聊天,

會是什麼樣的情況。當然，你腦中描繪的情況，多半是基於過往經驗累積，沒有關係。保持誠實就好。接著，請想一想：

- 你們聊得如何？
- 人們的反應如何？
- 這讓你感覺如何？
- 這件事很輕鬆，還是很困難？

5. 是時候打造願景，刻畫理想的未來了！請想一想，情況**可以**如何發展，或者你希望事情怎麼演變。再試想看看，如果你有辦法，無論任何情境都能交朋友。現在，再次回答下列問題：

- 你們聊得如何？
- 人們的反應如何？
- 這讓你感覺如何？
- 這件事很輕鬆，還是很困難？

6. 讓我們繼續沉浸在這份願景裡。想一想，如此一來，人生會獲得怎麼樣的改善？工作上會有什麼轉變？搭乘大眾運輸工具時，會有什麼不同？甚至是採買途中，會有什麼新收穫？

7. 只要一有機會，就抽一點時間閉上眼睛，想像這幅

願景。提醒自己，這就是你正在努力的目標。

選讀：作為參考，請翻閱第 1 章，〈聊天，是人際關係的起點〉。

從「為什麼」出發

目標：努力激發動機。

行動建議：找到你的「為什麼」。

昨天，我們描繪了願景，那是你努力達到的理想，也是這趟旅程的終點。今天，我們將找出你的「為什麼」，發現埋藏在動機之後的推力，或那股推著你向前的**原因**。不妨將此視作能讓汽車長久跑下去的燃料。畢竟，倘若缺乏強而有力的「為什麼」，就走不了太遠。

1. 以下濃縮了第 2 章的精華。請找出**哪一項**能讓你萌生最強烈的共鳴，如有需要也歡迎自行撰寫。
2. 問問自己：以下哪一點最有助於我調整對聊天的態度？我覺得哪件事最讓人興奮？哪件事最激勵人心？

   □ 這能強化與社交相關的腦區 ——「預設模式網絡」。

□ 聊天最大的目的是產生共鳴，而不是資訊交流。

□ 聊天是為了交流情感，而非言語表面上的交換。

□ 我所遇到的每一個人都是天才。

□ 這是開拓視野的好機會。

□ 這是學習新事物的契機。

□ 這能拓展我的視野。

□ 這能讓我更聰明。

□ 聊天的節奏往往很迅速且難以預測。

□ 這能訓練我獨立思考。

□ 這能讓世界變得更美好。

□ _____

3. 勾選完之後，請記住這項原因，並深深烙印在腦中。將它放在內心深處。

4. 現在，請讓自己浸淫在第 1 天所刻畫出來的願景裡，再用你的「為什麼」將其強化。此刻，你已經知道自己內心的憧憬，以及邁向目標背後的動力。

　　即便面對的是一場聊天，「找到為什麼」也能發揮極大的效果。舉例來說，當你在跟別人閒聊，大腦卻開始神遊，或者你發現自己正想著：「天吶，太無聊了。

我的大腦要關機了。」請用自己之前選出來的理由，提醒自己。用它來激勵你，並重新振作起來。你會發現，只要給予大腦一個必須專心的理由，就能更順利地專注在對話中。

選讀：作為參考，請翻閱第2章，〈用聊天，改變你的人生〉。

──── 第 ❸ 天 ────

讓「信念」，成為導航

目標：努力激發動機。

行動建議：養成信念。

　　要是眼前的路看上去並不像是通往理想的彼岸，或周遭的情況並不符合你的願景，或者是你**明白**自己應該要成就更多、做得更多時，你或許會忍不住想放棄。但請想想你身處的情況，你明白現況並不如預想。這也是為什麼我們必須接著養成信念。

　　假如說願景像是我們的終點，找出「為什麼」像是沿途所需的燃料，那麼信念就有如導航。它能讓你充滿自信地明白目的地就在前方，需要的只是時間。

　　毫無疑問，你一定**會**抵達終點。你知道自己具備了一切條件，只是還需要一些**信念**：深信自己只要不斷嘗試，付諸行動，最終一定會抵達理想。

1. 首先，讓思緒沉浸在自己的願景中。你的生活看起來如何？社交生活如何？家庭生活的狀況？職場生活怎麼樣了？

2. 想像它就像是電影一樣，在你的腦海中播放著。你能想到的細節越多，效果也越好。

3. 在你腦中充滿著這些畫面的同時，用你許下的目標，來提醒自己。

4. 接著，全心去體會、享受並感受這份心念，就好像你已經抵達終點般。你心中充滿了感激，而不是滿滿的焦慮。

5. 慶幸自己踏上了這趟旅程，**深信**這條道路，將帶領你通往心之所嚮。

　　請對眼前的這趟改變之旅、而不是你走了多遠，抱持信念。重點不在於成功或失敗，而在於選擇自己嚮往的終點，然後憑藉堅定的信念，鍥而不捨地去追求，直到理想成真。

─────── 第 ❹ 天 ───────

以「平衡思維」，消除比較心魔

目標：打造思維模式，讓自己不再緊張。

行動建議：運用平衡思維，停止比較心態。

現在，我們有了動機，因此今天，要開始打造合適的思維模式。畢竟，要是缺乏正確的心態，想與他人建立連結的所有期盼都會落空。你會將注意力，放在錯誤的事情上。

假如你就跟我或絕大多數者一樣，那麼在與陌生人說話時，最大的挑戰絕對非「緊張」莫屬。今天，我們將專注於一項能克服緊張的練習。此練習的基本概念，就是停止導致緊張的根源：比較。畢竟，當你和別人比來比去，聊天與交朋友的能力都會受到損害。而你越是沉浸在比較中，感受到的緊張也越強烈。下面是你可以如何利用好習慣、亦即我所謂的「平衡思維」，去取代此一惡習的方式。

1. 前往一處公共場合，人越多越好。比方說，附近的星巴克、商場或公園長椅，都是理想的場所。任何一個你可以坐著觀察人群，又不會讓自己看起來像個變態的地方，都可以。

2. 現在，讓你的思緒隨著熙來攘往的人群流動。靜靜地觀察。不必強迫自己做些什麼，也不需要當腦中浮現不好的念頭時，就批評自己。

3. 開始留心自己的思維。看看自己是如何分析與打量路人，比方說，根據對方的服飾、吸引力、性別、自信、頭圍、鼻子形狀等，來評價對方。留意你關注的點。

4. 五分鐘後，請繼續觀察，但這次換找出自己「比贏」（覺得別人比你差）和「比輸」（認為別人比你強）的情況。你是否發現，當你這樣做時，大腦總會不自覺地回到自己身上？很有可能，這些就是你最不安、或最有自信的地方。但是，請接著繼續……

5. 一旦你自認比某人強時，請立刻編出一些能提升對方價值的說詞。任何事情都可以。這件事是否為真、是否過於荒唐或莫名其妙，都沒關係。請在你

的腦中創造出一個故事，將對方變成故事中的角色，並想出能讓對方變得超棒的祕密才華或特殊能力。舉例來說，也許這個人看上去過胖……但卻是無可挑剔的優秀父母。也許他是流浪漢……不過這是因為他將自己的錢全部捐給了孤兒。

- 有疑問？請掃描以下QR Code，立刻欣賞下列這支影片：

- 注意人們（包括你自己）是如何光憑外表去批評、甚至是嘲笑別人，又是如何迅速地發現自己錯了。同樣的，當你覺得比輸其他人，請利用這個練習來提醒自己：每個人都具備值得與世界分享的美好之處。

6. 假如你發現自己比輸對方，請反其道而行，在腦中編出能拉低對方價值的說詞。或許對方看起來很有錢……但卻超級孤獨。很可能他們的顏值高得離譜……可是卻超級笨且有口臭。再一次，不需要是什麼很狡黠的反擊，任何缺點都可以。

- 有疑問？請掃描以下QR Code，立刻欣賞下列這支影片：

- 這支影片能完美地提醒我們，就本質來看，所有人都一樣。不管是美貌、財富或名聲，都不能讓人與眾生不同。

　　儘管上述只是兩個有些搞笑的例子，但其背後的道理卻很重要：人就是人。每個人都有得意之時，也有失意之際，會遇上好事，也可能碰到壞事。所以，停止比較，開始運用平衡思維吧！

選讀：作為參考，請翻閱第3章，〈終結聊天緊張，提升社交成功率〉。

關掉腦中過濾器，減少自我審查

目標：打造思維模式，與人自在交談。

行動建議：減少自我審查，並將心底的念頭說出來。

昨天，談到了緊張。今天，則將探討為什麼擁有正確的思維模式，能讓你更自在地交談。請記得，倘若缺乏正確的思維模式，一切的付出都只會落空。一講到該如何自由自在地交談，不讓自己被大腦陷入一片空白或無話可說的處境所壓制，**最關鍵**的答案就是「思維模式」。

我知道你在想什麼：你覺得自己很無趣，也沒有什麼想說的。但我有百分之百的信心可以向你保證：你不是無聊的人，而且你也確實有話想說。每個人都有想法，也都有點意見要表達。問題只是在於，如何將這些隱藏在心底的話說出來。為了做到這一點，所採用的方

法是：減少自我審查。

1. 首先，找到一處別人聽不到你說話的私密空間（例如臥室或車裡）。在那裡，你不需要擔心其他人可能會聽見你說話。

2. 現在，只有你和你的思緒。請讓思緒盡情飛揚，將腦中想到的**任何東西**都說出來。重點是，毫無保留地坦露一切。

3. 你感覺有點怪怪的，並發現自己即便在獨處的時候，也會篩選該說出口的想法⋯⋯但請記得，此刻只有你。沒有人會聽到你，因此你想說什麼，就說吧！此刻的目的，就是練習關掉你腦中的過濾器。

4. 每天至少保留五分鐘，來進行這項練習。最初你會覺得很困難，很討厭自己說話的聲音。但隨著多次練習，你會覺得更輕鬆，也越來越能自在地說出口。

5. 為了讓自己更上一層樓，練習時請錄音。儘管這會讓你加倍地不自在，感覺就像是有人在聽你說話一樣。你可以利用手機、電腦或任何方便使用的設備，紀錄下自己一連串的想法五分鐘。

6. 假如你夠勇敢，請打開檔案並聆聽錄音。

進行的次數越多，你的表現也會越好。隨著經驗的累積，你會發現自己越來越能相信、甚至喜歡上自己的聲音。在某些情況下，你可能還會覺得壓抑自己**不要**開口，是很困難的事。

選讀：作為參考，請**翻閱第5章**，〈聊天時感到不自在，怎麼辦？〉。

—————— 第 ❻ 天 ——————

幫助他人的練習

目標：打造思維模式，以強化社交信心。

行動建議：透過幫助他人，將注意力轉移到外界。

今天，我們會討論到如何用正確的思維模式，來打造社交自信。在第4章裡，我們提到真正的社交自信來自於對他人的關注，而非眼中只有自己。因此，每次當你在和其他人說話時，不妨問問自己，「我該怎麼做，才能讓對方的處境比剛剛遇到我時更好？」

我們有數不盡的方式可以幫助他人。你可以：

- 讓他們開懷大笑。
- 讓他們覺得自己被傾聽。
- 稱讚他們的笑容。
- 在隊伍中讓他們排到你的前面。
- 留給對方慷慨的小費。

幫助別人的效果非常強烈。這能將你的注意力轉移到他人身上，同時建立起你的社交自信。同時，這也能讓你打從心底相信，你確實是願意關懷他者的好人。

選讀：作為參考，請翻閱第4章，〈打造社交自信，和誰都能聊得來〉。

—————— 第 ❼ 天 ——————

交流，從打招呼開始

目標：開始和別人對話。

行動建議：跟陌生人打招呼。

動機暖暖身：首先，請以你的願景、心中的為什麼與信念，來提醒自己。將一切具象化，用心感受，然後打從心底相信。

思維模式暖暖身：獨自大聲說話五分鐘（請參閱第5天），降低腦中過濾器的強度。

今天，我們將透過簡單地跟陌生人打招呼，來讓你習慣於接觸他人。這也是許多人跨不出的那一步。他們想得太多，把所有可能的情況都想了個透澈，最後陷入恐慌之中。然而，我們要利用微小的行動，小小的成功，粉碎這樣的恐懼，並從此處開始成長。

跟陌生人打招呼是一件輕鬆且有趣的舉動。而其中

的關鍵在於，不要抱有任何期待。下面是你今天的任務：跟 10 個陌生人打招呼。幸好，任何地方都能遇到陌生人。基本上，只需要去到你家以外的地方就行了。

但這時，還不需要進行太長的對話，只需要簡單地打個招呼。假如對方也向你做出回應，或者你們短暫地聊了五秒鐘，那就太棒了。這就是成功的墊腳石。而你已經朝成功更近一步。

下面是幾點小訣竅：

- 在打招呼以前，進行眼神接觸，效果會更好。
- 假如沒能和對方進行眼神交流，你可以透過揮手來吸引他們的注意，或尋找那些站定不動的人。
- 運用肢體動作，像是揮手、點頭或微笑。
- 增添一些改變，可交替使用「祝您有個美好的一天。」或「你好！」

這項練習的重點在於，讓自己習慣主動接近陌生人，並將其變成一種習慣。我對你的最終期盼，就是希望你能變成如果不主動和別人聊一會兒，就會覺得自己

實在太無禮的人。

我知道你覺得這些聽上去很可怕，但在這一點上，請相信我，勇敢放手一搏吧。儘管乍聽之下有些嚇人，但這絕對會是能讓你收穫滿滿的舉動。邁出這一步，開始和不認識的人聊天。這將成為你人生中，為自己做過最讓人興奮、且還能扭轉人生的改變。

第 8 天

想交朋友，先請對方幫你一個忙

目標：開始和別人對話。

行動建議：提出一個簡單的問題。

動機暖暖身：首先，請以你的願景、心中的為什麼與信念，來提醒自己。將一切具象化，用心感受，然後打從心底相信。

思維模式暖暖身：獨自大聲說話五分鐘（請參閱第5天），降低腦中過濾器的強度。

現在的你，已經跟很多人打過招呼了。假如你到現在還無法自然地做到這一點，請回過頭去，繼續重複第7天的練習，直到你能習慣為止。現在，你覺得這件事根本沒什麼好害怕的了。而且，這件事不僅容易，還挺好玩。大部分的人都很親切。

今天，我們要再向前邁出一步。計畫如下：

1. 離開家裡，前往人潮洶湧的公共場合，如辦公室、商場、超市、市中心等。
2. 從「跟某個人打招呼」著手。
3. 接著，詢問對方一個簡單的問題，或是尋求對方的幫助等容易做到且能迅速達成的事。下面是幾個例子：
   - 「嘿，你知道現在幾點嗎？」
   - 「能不能請你告訴我，最近的洗手間在哪裡？」
4. 聽完對方的回答，然後表示感謝。就這麼簡單！
5. 今天，進行這項練習10次。

今天，我們將對話提升到另一個層次，超越只是簡單地打個招呼。這裡的關鍵就在於，拋出一個需要他人協助的簡單問題。你會發現99%的人，都很樂於給予幫助。絕大多數的人都很友善，因此根本沒什麼好擔心的。你和其他人的唯一差別，只在於你握有優勢。因為你擁有這本書，也完全清楚自己正在做什麼。

練習向他人提出簡單的問題。這就像是破解一扇門，然後窺探裡面的奧祕。這一點都不嚇人，還是很棒的練習。一旦你能自在地進行這項練習後，就能運用這

股向前的衝勁，讓技巧更上一層樓。就今天而言，請將注意力放在打招呼，再提出一個簡單的問題上。夠簡單了，不是嗎？好了，請盡情享受吧！

選讀：作為參考，請翻閱第6章，〈不知該如何開啟話題時，請這樣做〉。

觀察，從共同經驗中找出話題

目標：開始和別人對話。

行動建議：好好觀察，找出共享的經歷與感受。

動機暖暖身：首先，請以你的願景、心中的為什麼與信念，來提醒自己。將一切具象化，用心感受，然後打從心底相信。

思維模式暖暖身：進行第4天的平衡思維練習。在開始跟其他人說話以前，坐下來並觀察來來去去的人潮，然後運用平衡思維。

今天，我們要做出改變。在今天以前，我們一直都在關注**你**——你的動機、你的思維模式、讓你能自在地接近他人。但到了第9天，在與人接觸時，則要開始把注意力放在**對方**身上。

我們已經透過平衡思維的練習，暖身完畢。現在，

關鍵在於當你接近對方的同時，必須把焦點放在對方身上。不要去想對方會怎麼樣看你、你看上去如何，更不要去想自己感覺如何。你的心思要百分之百地放在與對方建立連結上，去觀察對方的情況。

因此，今天在與別人對話前，請先觀察你們是否有共同的遭遇，並以此作為聊天的開場。要做到這點，你必須從對方的角度去看事情。下面是實際步驟：

1. 離開家裡，前往人潮洶湧的公共場合，如辦公室、商場、超市、市中心等。

2. 首先，問問自己「此刻其他人可能有何感受？」將此作為對話的起點。

3. 環顧四周，觀察環境、生活體驗或人群。具體來說，你可以針對以下主題做出評論：
   - 天氣和／或氣溫；
   - 裝潢風格；
   - 衣著；
   - 食物；
   - 顧客服務。

4. 下面是幾則摘錄自第6章的範例：

- 「哇，這裡也太人山人海了。」
- 「不知道是只有我這樣覺得，還是這裡真的熱斃了？」
- 「你也看到了嗎？」

5. 今天，進行這項練習 5 遍。

　　請記得，你的目標只是與別人展開對話，不要去擔心接下來的事。這不是你現階段該顧慮的。你的任務只是單純地開始對話，然後順勢發展。接下來的事，我們稍後就會學到。

選讀：作為參考，請翻閱第 6 章，〈不知該如何開啟話題時，請這樣做〉。

不只讚美，更要提問

目標：開始和別人對話。

行動建議：稱讚對方，然後提出一個問題。

動機暖暖身：首先，請以你的願景、心中的為什麼與信念，來提醒自己。將一切具象化，用心感受，然後打從心底相信。

思維模式暖暖身：進行第4天的平衡思維練習。在開始跟其他人說話以前，坐下來並觀察來來去去的人潮，然後運用平衡思維。

以讚美作為開場白非常簡單且有效。你只需要稱讚對方，然後提出一個與這份讚賞有關的問題即可。此處最關鍵的地方，就在於讚美之後，必須**快速地**提出一個問題。這麼做能確保對話繼續下去，因為許多人其實不知道該如何優雅地接受稱讚，並因此頓住，不清楚該作

何回應。而你可以這樣做：

1. 離開家裡，前往人潮洶湧的公共場合，如辦公室、商場、超市、市中心等。

2. 四處走動，並和任意對象打招呼。

3. 假如有人特別吸引你，那麼誇獎對方的機會就來了。下面是幾個你能用來稱讚對方，卻又不至於讓對方感覺毛骨悚然的話題。一般來說，盡量不要去評論對方的長相，而是讚美那些對方能自主決定的事物。最重要的，就是維持真誠與懇切。以下是你可以稱讚的地方：

   - 衣著與飾品（我最愛讚美的地方。因為這些雖然算私人，卻又沒那麼私人）。
   - 髮型。
   - 他們做出的某件很棒或很酷的行為。
   - 他們的寵物。

4. 有些人或許會不知道該如何回應。他們或許會不好意思，或不曉得該說些什麼。這正是為什麼下個步驟超級重要。

5. 保持好奇心，提出與之相關的問題。下面是幾項示

範：

- 「我喜歡你的帽子。哪裡能買到這種帽子？」
- 「你的髮型超酷。這種髮型叫什麼？」
- 「哇，你家的狗訓練得超好。你是怎麼做的？」

6. 就像這樣！

7. 今天，至少重複這項練習5次。

請記得，最重要的就是展開對話。對話維持多久，或之後會發生什麼事，都不重要。假如你能成功地開啟話題，請將此視作自己的勝利。接下來的事，我們稍後就會學到。

選讀：作為參考，請翻閱第6章，〈不知該如何開啟話題時，請這樣做〉。

————— 第 **⓫** 天 —————

主動幫忙，輕鬆打造對話機會

目標：開始和別人對話。

行動建議：向他人伸出援手。

動機暖暖身：首先，請以你的願景、心中的為什麼與信念，來提醒自己。將一切具象化，用心感受，然後打從心底相信。

思維模式暖暖身：進行第4天的平衡思維練習。在開始跟其他人說話以前，坐下來並觀察來來去去的人潮，然後運用平衡思維。

今天的練習非常簡單。你只需要走出家門，尋找需要幫助的人，然後協助對方。

我很樂意告訴你，這個行為的美妙之處。首先，這能讓你將注意力放在對方身上，從而進入正確的思維模式，並且不求回報。第二點，這能觸發互惠機制並創造

善意。第三點，幫助他人能為社會帶來強大的連鎖反應。而做法如下：

1. 離開家裡，前往人潮洶湧的公共場合，如辦公室、商場、超市、市中心等。
2. 四處走動，並和任意對象打招呼。
3. 尋找需要幫助的對象，單純地協助對方。下面是幾項例子：
   - 為迷路的人指引方向。
   - 替別人撐著門。
   - 給服務生留下大筆小費。
   - 幫助提著重物的人。
   - 替別人買單。
4. 假如你能攀談幾句，那就太棒了。如果沒有，也沒關係。繼續去幫助下一個人。
5. 今天，至少重複這項練習5次。

請記得，重點在於進入幫助他人的思維模式，然後展開對話。這樣的對話能維持多久，以及之後會發生什麼事，都不重要。假如你能成功地開啟話題，請將此視

作自己的勝利。接下來的事，我們稍後就會學到。

選讀：作為參考，請翻閱第6章，〈不知該如何開啟話題時，請這樣做〉。

———— 第 ⓬ 天 ————

尋求意見，加速共鳴曲線

目標：開始和別人對話。

行動建議：尋求對方的意見。

動機暖暖身：首先，請以你的願景、心中的為什麼與信念，來提醒自己。將一切具象化，用心感受，然後打從心底相信。

思維模式暖暖身：進行第4天的平衡思維練習。在開始跟其他人說話以前，坐下來並觀察來來去去的人潮，然後運用平衡思維。

「尋求對方的意見」無疑是我最愛的開場白。因為這麼做不僅非常有趣，也是一種不具威脅性的絕佳展開話題方式。以下是實際步驟：

1. 到店裡辦事情（服飾店、超市、餐廳等），任何你需要做出購買決策的地方都可以。

2. 在你瀏覽商品或排隊的時候，找到身邊的人，詢問對方的意見。下面是幾則範例：

- 「不好意思，我可以詢問你一件事嗎？」
- 「哪頂帽子比較適合我呢？」
- 「你有試過他們家的起司蛋糕嗎？你喜歡嗎？」
- 「菜單上你最喜歡的是哪道菜？」

3. 這個舉動之所以美妙，在於它直接跳入意見環節。這樣一來，我們加速了共鳴曲線，跳過了老生常談與事實階段（請見第8章）。

4. 假如你能攀談幾句，那就太棒了。如果沒有，也沒關係。繼續尋找下一個人。

5. 今天，至少重複這項練習5次。

　　請記得，重點在於展開對話。這樣的對話能維持多久，以及之後會發生什麼事，都不重要。假如你能成功地開啟話題，請將此視作自己的勝利。接下來的事，我們稍後就會學到。

選讀：作為參考，請翻閱第6章，〈不知該如何開啟話題時，請這樣做〉。

────── 第 ⓭ 天 ──────

用你喜歡的方式，打開話匣子

目標：開始和別人對話。

行動建議：自由選擇你的開場白。

動機暖暖身：首先，請以你的願景、心中的為什麼與信念，來提醒自己。將一切具象化，用心感受，然後打從心底相信。

思維模式暖暖身：進行第4天的平衡思維練習。在開始跟其他人說話以前，坐下來並觀察來來去去的人潮，然後運用平衡思維。

今天要進行的練習，具有一定程度的自由性。你可以從第7天至第12天裡，選出你最想重溫的課題與練習，作為今日的任務。

1. 離開家裡，前往人潮洶湧的公共場合，如辦公室、

商場、超市、市中心等。

2. 四處走動，並和任意對象打招呼。

3. 尋找聊天的對象。

4. 運用你自己選中的開場方式。比方說，好好觀察，從共同經驗中找出話題、稱讚對方、幫對方一個忙、尋求他人的建議，或是用你個人的方法。

5. 這個練習的重點，就是樂在其中！

6. 今天，請至少與5個人展開對話。

　　請記住，最重要的任務就是**開啟**話題。至於這樣的對話能維持多久，以及之後會發生什麼事，都不重要。假如你成功地打開彼此的話匣子，請將此視作自己的勝利。接下來的事，我們稍後就會學到。

選讀：作為參考，請翻閱第6章，〈不知該如何開啟話題時，請這樣做〉。

像偵探辦案一般，分類聊天內容

目標：與他人產生共鳴。
行動建議：開啟偵探模式。

動機暖暖身：首先，請以你的願景、心中的為什麼與信念，來提醒自己。將一切具象化，用心感受，然後打從心底相信。

思維模式暖暖身：將注意力從自己身上，轉移到其他人身上。這麼做能減少你的緊張，同時開啟對外的好奇心。作為輔助，不妨問問自己，「我該怎麼做，才能讓對方的處境比剛遇到我時更好？」

恭喜你，一路挺進了第14天，也是〈30天全方位閒聊指引〉的第二週！此刻，請花一點時間好好表揚自己。你選中了這本書，認真閱讀，更跟著實戰計畫一路來到這裡。光是這點，就足以證明你的出類拔萃。畢

竟，在學習一門新技能上，很少有人具備採取行動的勇氣與決心。你的表現棒極了。

到目前為止，我們一直致力於打造思維模式，以及練習該如何主動接觸他人並打招呼。所謂的展開對話（第7天至第13天），就是關於如何創造最初的切入點。而許多時候，我們會需要運用老生常談，作為開頭。讓我們花一點時間，複習這張來自第8章的圖表。

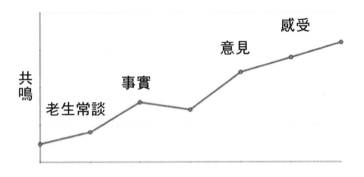

請記得，每一場對話都是這三個階段的不斷循環與反覆：

1. 引導對方分享意見與感受。

2. 肯定對方所言。

3. 分享自己的觀點與心情。

因此接下來，要將注意力放到第一步：讓對方發表自己的意見與感受上。好了，讓我們盡情地玩一場吧！今天，我們將會強化你辨識聊天內容的能力，且更重要的，去留心更為深層的轉變。

1. 去附近一間咖啡廳，或單純地打開電視，尋找正在說話的對象。我個人偏好欣賞深夜脫口秀。下面是幾個你能輕鬆透過網路就欣賞到的內容：

   - 《詹姆斯・柯登深夜秀》（*The Late Late Show with James Corden*）。
   - 《吉米A咖秀》（*The Tonight Show with Jimmy Fallon*）。
   - 《康納秀》（*Conan*）。
   - 《克雷格・佛格森深夜秀》（*The Late Late Show with Craig Ferguson*，這部是我個人的最愛）。

2. 在你欣賞的同時，請認真留意，並在人們說話的時候，分類他們的講話內容。他們在說些老生常談嗎？還是在聊事實？或者是交流意見？或是分享感受？

3. 填寫以下表格：

化身名偵探

在你聆聽的同時，請紀錄下來這些交談內容的類型，將其分門別類。

老生常談	事實	意見	感受

4. 請同時留心對話類型開始轉換的過程。

　　最初，你可能會需要多思考一下，但很快的，你就能不費吹灰之力地認出那些對話究竟屬於哪一階段。最終，你更能如忍者般敏捷，在聊天時層層推進到下一階段，嫻熟自如。

選讀：作為參考，請翻閱第8章，〈成為名偵探，掌握聊天的底層邏輯〉。

好奇別人的生活，搜集「事實」

目標：與他人產生共鳴。

行動建議：開啟偵探模式，並在聊天時，找出關於對方的事實。

動機暖暖身：首先，請以你的願景、心中的為什麼與信念，來提醒自己。將一切具象化，用心感受，然後打從心底相信。

思維模式暖暖身：將注意力從自己身上，轉移到其他人身上。

昨天，你觀察了人們的對話。你注意到對話如何從老生常談進入事實，再到意見，再到感受。今天，我們將和其他人練習這件事。但請不用擔心，我們會循序漸進地進行。

1. 離開家裡，前往人潮洶湧的公共場合，如辦公室、商場、超市、市中心等。

2. 四處走動，並和任意對象打招呼。

3. 運用簡單好用的四大聊天開場技巧（請見第9天至第12天），和別人展開對話。

4. 現在，為了讓對話繼續發展，請開啟偵探模式，並展現出對他人的好奇心。例如，他們有什麼故事？他們最近如何，在忙什麼？你能從對方身上學到什麼？

5. 探詢對方的生活資訊。下面是幾項範例：
   - 他們是哪裡人？
   - 他們今天過得如何？
   - 他們做什麼工作？
   - 他們有哪些興趣？
   - 他們有手足嗎？
   - 他們會說外語嗎？
   - 他們多久去旅行一次？

6. 就這麼簡單。先不要去擔心是否能引起共鳴，或你該如何為這場對話收尾。這稍後就會討論到。請單純地去挖掘關於對方的事實。

7. 今天，至少和5位不同的對象，重複此練習5次。

選讀：作為參考，請翻閱第8章，〈成為名偵探，掌握聊天的底層邏輯〉。

鼓勵對方發表「意見」

目標：與他人產生共鳴。

行動建議：開啟偵探模式，並引導對方發表意見。

動機暖暖身：首先，請以你的願景、心中的為什麼與信念，來提醒自己。將一切具象化，用心感受，然後打從心底相信。

思維模式暖暖身：將注意力從自己身上，轉移到其他人身上。

昨天，你在「找出事實」上表現得很出色。今天，我們要來玩些好玩的：探詢意見！千萬不要忘記，從事實進入到意見的轉變過程，正是奇蹟發生之處。這是共鳴開始成形的一刻。

因此，今天我們要做的事就跟昨天一樣，但把重點放在從事實，推進到意見上。

1. 離開家裡，前往人潮洶湧的公共場合，如辦公室、商場、超市、市中心等。

2. 四處走動，並和任意對象打招呼。

3. 運用簡單好用的四大聊天開場技巧（請見第9天至第12天），和別人展開對話。

4. 現在，為了讓對話繼續發展，請開啟偵探模式，對他人抱持好奇心。

5. 發現對方生活中的**事實**。

6. 在對方說話的同時，找出他們對特定事物的**意見**。我最喜歡使用的問題就是，「你喜歡……」下面是幾則範例：

   - 假如他們在討論天氣很熱，問問對方，「你喜歡熱天嗎？」
   - 若他們表示自己住在鳳凰城，問問對方，「鳳凰城如何？你喜歡那裡嗎？」

7. 若對方有發表一到兩個意見，任務就完成了！

8. 今天，至少和5位不同的對象，重複此練習5次。

選讀：作為參考，請翻閱第8章，〈成為名偵探，掌握聊天的底層邏輯〉。

─────── 第 **17** 天 ───────

透過問題，挖掘對方的「感受」

目標：與他人產生共鳴。

行動建議：開啟偵探模式，察覺對方的感受。

動機暖暖身：首先，請以你的願景、心中的為什麼與信念，來提醒自己。將一切具象化，用心感受，然後打從心底相信。

思維模式暖暖身：將注意力從自己身上，轉移到其他人身上。

昨天，你在「找出意見」上表現得很出色。今天，我們將進入到感受上。做法大同小異，只是這一次，除了讓對方發表意見，也要深入到意見背後的感受。

1. 離開家裡，前往人潮洶湧的公共場合，如辦公室、商場、超市、市中心等。

2. 四處走動，並和任意對象打招呼。

3. 運用簡單好用的四大聊天開場技巧（請見第9天至第12天），和別人展開對話。

4. 現在，為了讓對話繼續發展，請開啟偵探模式，對他人存有好奇心。

5. 發現對方生活中的事實。

6. 在對方說話的同時，找出他們對於事實的意見。

7. 接著，繼續抱持好奇心，想到什麼就開口問。

8. 下一步，是透過問題來找出對方的感受。下面是幾則範例：

   - 「你喜歡那樣嗎？」
   - 「你期待嗎？」
   - 「你會因為這樣緊張嗎？」
   - 「這讓你感覺有多奇妙？」

9. 若對方有表露出一到兩個感受，任務就完成了！

10. 今天，至少和5位不同的對象，重複此練習5次。

　　我們也必須辨別「意見」與「感受」的差異。不妨這樣想。意見是關於人們怎麼想（例如，偏好、思想、人生觀、世界觀、最喜歡的事等等）。感受則是關於人

們體會到的情緒（比方說，感到傷心、憤怒、興奮的原
因等等）。

選讀：作為參考，請翻閱第8章，〈成為名偵探，掌握
聊天的底層邏輯〉。

———— 第 ⑱ 天 ————

用「沒錯，而且」技巧，營造融洽感

目標：與他人產生共鳴。

行動建議：用「沒錯，而且」技巧，肯定對方所言。

動機暖暖身：首先，請以你的願景、心中的為什麼與信念，來提醒自己。將一切具象化，用心感受，然後打從心底相信。

思維模式暖暖身：將注意力從自己身上，轉移到其他人身上。

哈囉，又見到你了，歡迎來到第18天。你的表現真的棒極了。此刻的你，已能自在地與任何人展開對話，並進一步讓對方分享意見與感受。現在，下一步來了。

請記得，每一場對話都應該是雙向的。我們不能一個接一個地問個沒完。這樣只會變成審問，而不是對

話。要想成為聊天大師，你必須明白所謂的對話，基本上就是以下三個階段一次又一次地反覆。這些是最基本的架構。因此，請把重點放在重複執行這三個步驟：

1. 引導對方分享意見與感受。
2. 肯定對方所言（**今天的重點**）。
3. 分享自己的觀點與心情。

今天的重點是第二階段，肯定對方所言。這在引起共鳴上非常重要，能讓對方感受到你確實在傾聽，而且也理解他們。在這方面，「沒錯，而且」技巧不失為一個簡單的起手式。這是營造融洽感的絕佳方法。

首先，為了了解這個技巧能帶來多大的不同，讓我們先來一起觀察真實對話中的細節。請掃描以下 QR Code，觀賞影片。這則影片真的讓人超級不舒服的。請留意在這場對話中，左邊的來賓說了多少個「No」（不）。糟透了，不是嗎？

現在，請掃描以下QR Code，觀賞影片。影片中的女來賓，顯然精通「沒錯，而且」技巧。請親眼感受，在聊天時，「先不否定對方說的內容，再繼續展開話題」的威力有多麼強大，能營造出舒適氛圍。兩個影片有著天壤之別，對吧？

下面是今天的練習：

1. 離開家裡，前往人潮洶湧的公共場合，如辦公室、商場、超市、市中心等。
2. 四處走動，並和任意對象打招呼。
3. 運用簡單好用的四大聊天開場技巧（請見第9天至第12天），和別人展開對話。
4. 現在，為了讓對話繼續發展，請開啟偵探模式，對他人抱持好奇心。
5. 發現對方生活中的事實。
6. 在對方說話的同時，找出他們對於事實的意見。
7. 請維持你的好奇心，挖掘對方的感受。

8. 接著，肯定對方所言，利用「沒錯，而且」技巧來給予回應。如需複習，請翻閱第7章與第9章。一般來說，我們會傾向於使用能讓對方感覺到你理解他們、也懂他們的句子。例子包括：

- 「沒錯。」
- 「確實如此。」
- 「可不是嘛！」
- 「我就說嘛！」
- 「真的！」
- 「我也這麼覺得。」

9. 今天，至少和5位不同的對象，重複此練習5次。

選讀：作為參考，請翻閱第7章，〈掌握完美聊天的關鍵鐵則〉。

模仿對方的說話方式，塑造親近感

　　目標：與他人產生共鳴。

　　行動建議：配合對方的說話方式。

　　動機暖暖身：首先，請以你的願景、心中的為什麼與信念，來提醒自己。將一切具象化，用心感受，然後打從心底相信。

　　思維模式暖暖身：找到某個走路速度跟你不同調的人，並改變自己的步伐速度以配合對方。感受事情的變化，同時留心自己情緒的轉變。這就是配合的力量。

　　昨天，我們透過「沒錯，而且」技巧，進行了肯定他人的練習。這用在以下聊天三階段中的第二部分，效果絕佳。

　　1. 引導對方分享意見與感受。

2. 肯定對方所言（**今天的重點**）。

3. 分享自己的觀點與心情。

　　當然，還有許多方法能表達對他人的支持與肯定。這就是我們今天要做的練習。這個方法有助於你在聊天中，肯定對方，更因為這樣做能跟對方同步，塑造出親近感。

1. 審視下列表格，挑選**一個**項目來進行。

模仿對方的……
□ 語速
□ 音調
□ 音量

2. 離開家裡，前往人潮洶湧的公共場合，如辦公室、商場、超市、市中心等。

3. 四處走動，並和任意對象打招呼。

4. 利用你從第7天至第18天的學習成果，展開對話。

5. 無論你想模仿的是對方的語速、音調，還是音量，請在對話時集中精神，盡力配合。

- 針對語速，對方說話有多快（或多慢）就盡量多快（慢），並跟上對方語句的節奏。
- 針對音調，配合對方語調的抑揚頓挫。有些人說話的音調起伏較大（哈—囉～！）有些人則語調較平板。
- 針對音量，請盡量配合對方的嗓門大小。觀察看看，他們說話時有多用力？

6. 此處最關鍵的目的，就是配合對方的活力程度，以製造出相似性。

7. 今天，至少和5位不同的對象，重複此練習5次。

　　請確保自己不要心急。即便每次聊天，你只能把心思放在模仿其中一種聲音特徵，也已經遙遙領先其他人了。畢竟，絕大多數的人根本沒有思考過這些事情。

選讀：作為參考，請翻閱第9章，〈如何創造融洽的聊天氛圍？〉。

重複對方說過的話，讓人感到被認同

目標：與他人產生共鳴。

行動建議：重複對方說過的話，來予以回應。

動機暖暖身：首先，請以你的願景、心中的為什麼與信念，來提醒自己。將一切具象化，用心感受，然後打從心底相信。

思維模式暖暖身：找到某個走路速度跟你不同調的人，並改變自己的步伐速度以配合對方。感受事情的變化，同時留心自己情緒的轉變。這就是配合的力量。

昨天，我們透過配合對方的說話方式（聲音特徵等），練習肯定對方。今天，你將練習如何重複對方說過的話，以表達支持與認可。

1. 離開家裡，前往人潮洶湧的公共場合，如辦公室、

商場、超市、市中心等。

2. 四處走動，並和任意對象打招呼。

3. 利用你從第 7 天至第 18 天的學習成果，展開對話。

4. 當對方向你分享意見或感受時，你可以重複他們說
   過的話，展現出認同與理解：

   ● 假如對方說，「巧克力蛋糕**最棒**了！」你可以說，
     「確實是**最棒**的！」

   ● 若是對方說，「我超級**興奮**！」你可以說，「沒
     錯，這太讓人**興奮**了！」

5. 今天，至少和 5 位不同的對象，重複此練習 5 次。

選讀：作為參考，請翻閱第 9 章，〈如何創造融洽的聊
天氛圍？〉。

——————— 第 ㉑ 天 ———————

模仿對方的肢體動作，讓想法更合拍

目標：與他人產生共鳴。

行動建議：模仿對方的肢體動作。

動機暖暖身：首先，請以你的願景、心中的為什麼與信念，來提醒自己。將一切具象化，用心感受，然後打從心底相信。

思維模式暖暖身：找到某個走路速度跟你不同調的人，並改變自己的步伐速度以配合對方。感受事情的變化，同時留心自己情緒的轉變。這就是配合的力量。

昨天，我們練習了透過重複對方的話，來表達肯定與理解。今天，則要練習模仿對方的肢體動作，來展現認同與支持。

1. 請審視下列表格，挑選**一個**項目來進行。

模仿對方的……

- ☐ 姿勢
- ☐ 坐姿
- ☐ 身體的傾斜方式
- ☐ 手部動作
- ☐ 呼吸節奏
- ☐ 頭部的傾斜角度

2. 離開家裡，前往人潮洶湧的公共場合，如辦公室、商場、超市、市中心等。

3. 四處走動，並和任意對象打招呼。

4. 利用你從第7天至第18天的學習成果，展開對話。

5. 在對方說話的同時，留心對方的身體出現哪些動作。

6. 在對話期間，請根據你想模仿的肢體動作，盡可能地與對方同步。

- 假如他們是抬頭挺胸地站著，你也站得挺一些。
- 如果他們神情放鬆且很慵懶，那你也放鬆自己的姿勢。
- 若他們說話的時候，身體會前傾，你也稍微向前靠一些。

- 假使他們的呼吸很緩慢，請放慢自己的呼吸。

- 假設他們的頭部傾斜，將你的頭也稍稍傾斜。

7. 重要提示：千萬不要百分之百仿照對方的動作。這只會讓你看上去非常僵硬且極度不自然。

8. 我們最主要的目標，是透過大致上模仿對方的肢體語言，讓相處更和諧。畢竟，當人們的動作相仿時，想法也會更合拍。

9. 今天，至少和5位不同的對象，重複此練習5次。

選讀：作為參考，請翻閱第9章，〈如何創造融洽的聊天氛圍？〉。

---------── 第 ㉒ 天 ───------

以獨白遊戲，訓練接話的技術

目標：留好印象。

行動建議：跟自己玩場「獨白遊戲」。

動機暖暖身：首先，請以你的願景、心中的為什麼與信念，來提醒自己。將一切具象化，用心感受，然後打從心底相信。

思維模式暖暖身：獨自大聲說話五分鐘（請參閱第5天），降低腦中過濾器的強度。

讓我們來複習一遍。就目前為止，針對以下聊天三階段中的第一和第二部分，都有了說明與示範。

1. 引導對方分享意見與感受。
2. 肯定對方所言。
3. 分享自己的觀點與心情（**今天的重點**）。

然而，對某些人來說，要邁向第三階段、分享自己的觀點與心情，恐怕相當困難。這需要練習和創意。不過今天，你就能學到一項在家就可以進行的遊戲。透過這個遊戲，你會更懂得如何分享自己的意見與感受，並讓對方也能從中找到共鳴。

　　這個遊戲非常好玩，可說是我個人的最愛。我們會向深夜電視秀取經，以磨練自己的技巧。下面就是進行的方法。

1. 用電腦或手機上網，找出某些脫口秀的獨白演出。
   - 請直接打開YouTube，然後搜尋「monologue」（獨白演出）加上「吉米・法倫」、「康納・歐布萊恩」（Conan O'Brien）、「詹姆斯・柯登」等。尋找那些主持人站在布幕之前的影片縮圖。
2. 下面，是獨白演出的架構。首先，需要有鋪墊（通常是關於最近的時事），接著是梗。
3. 開始欣賞影片，等待第一個鋪墊。
4. 接下來，暫停影片，思考你該如何運用「這實在太_____，因為_____」公式，給予回應。
5. 按下播放鈕，欣賞主持人的梗（然後好好地捧腹大

笑一番）。

6. 繼續觀看，反覆執行第三至第五步驟。

7. 看完整場獨白演出。

8. 注意每一次的鋪墊，然後運用第四點的語句公式，做出回應。

9. 作為示範，請掃描後文的QR Code，觀賞影片。

（按：影片中，作者主要舉了兩個例子。首先，主持人法倫一開始提到，他看到美式足球員湯姆·布雷迪〔Tom Brady〕稱「可口可樂對小孩是有毒的」以及「香甜玉米片根本不算是食物」。因此，作者整理出主持人提到了「湯姆·布雷迪」、「可口可樂」、「香甜玉米片」這三個關鍵字。但他對體育不熟，所以或許可以回應，「這實在太可惜了，因為那兩項食物我都很喜歡。」第二個例子中，主持人法倫則說道，《君子雜誌》將《冰與火之歌：權力遊戲》女主角艾蜜莉亞·克拉克〔Emilia Clarke〕選為2015年年度最性感女性。而作者整理出了「《君子雜誌》」、「《冰與火之歌：權力遊戲》」、「年度最性感女性」這三個關鍵字。因此，他也許能這樣回應，「這實在太耐人尋味了，因為我很好奇是誰決定由

她獲得這個封號。」）

　　這項練習之所以很棒，是因為它能訓練你的大腦，對隨機議題做出反應。有些議題會比其他議題更難反應，沒有關係，不要著急，也不要對自己太嚴格。無論你想到什麼，都可以說出來。你不需要很搞笑或絕頂機智，盡情玩一場即可。

　　請記得，你要做的就是強迫大腦對隨機議題做出反應，然後創造有趣的共鳴。除此之外，你還可以同時吸收最新時事，這無疑是另一大好處！

選讀：作為參考，請翻閱第 10 章，〈從陌生到好感，好好接話的技術〉。

活用聊天公式，讓對方覺得你懂他

目標：留好印象。

行動建議：讓對方覺得你懂他。

動機暖暖身：首先，請以你的願景、心中的為什麼與信念，來提醒自己。將一切具象化，用心感受，然後打從心底相信。

思維模式暖暖身：獨自大聲說話五分鐘（請參閱第5天），降低腦中過濾器的強度。

我們將把昨日所學，實際運用到真實世界中。

1. 離開家裡，前往人潮洶湧的公共場合，如辦公室、商場、超市、市中心等。
2. 四處走動，並和任意對象打招呼。
3. 利用你從第7天至第18天的學習成果，展開對話。

4. 當對方和你分享他們的意見與感受時，請使用「這實在太＿＿＿＿＿，因為＿＿＿＿＿」公式：

- 「這實在太有趣了，因為……」
- 「這實在太酷了，因為……」
- 「這未免也太巧了，因為……」
- 「這是我的最愛，因為……」

5. 今天，至少和5位不同的對象，重複此練習5次。

選讀：作為參考，請翻閱第10章，〈從陌生到好感，好好接話的技術〉。

—————— 第 ❷❹ 天 ——————

從觀察喜好出發，讓自己敢分享意見

目標：留好印象。

行動建議：分享你的意見。

動機暖暖身：首先，請以你的願景、心中的為什麼與信念，來提醒自己。將一切具象化，用心感受，然後打從心底相信。

思維模式暖暖身：獨自大聲說話五分鐘（請參閱第5天），降低腦中過濾器的強度。

假如你覺得過去兩天的練習很難，完全正常。對許多人來說，公開分享自己的意見並不容易，尤其對自認是害羞的人來說，更是如此。我發現許多人事實上，甚至沒有努力去**了解**自己的想法是什麼。但我敢肯定，你一定有自己的觀點，只是必須努力去察覺。唯有如此，你才能熱情地向別人傳遞自己的想法。而這也正是別人得以認識我們、建立起關係的方法。

今天的練習將包含兩個部分。首先，在你有辦法分享自己的意見以前，你必須先了解它們。讓我們一起來探索。

1. 找到一處安靜的地方，獨自坐下。
2. 拿出一張紙，並畫出下面這份表格。

我喜歡的	我不喜歡的

3. 想一想，並將你喜歡的事物列在左欄。
4. 思考一下，並將你不喜歡的事物列在右欄。
5. 下列是值得你思考的範疇：
   - 食物。
   - 音樂。
   - 人格特質。
   - 電影與節目。
   - 活動。
   - 場所。

6. 這是一個非常簡單卻又很棒的出發點。

7. 假如你感覺自己充滿幹勁，請閱讀或觀看新聞，並針對重大頭條寫下自己的看法。

接著，將這份嶄新的體悟，帶入到現實對話中：

1. 離開家裡，前往人潮洶湧的公共場合，如辦公室、商場、超市、市中心等。

2. 四處走動，並和任意對象打招呼。

3. 利用你從第 7 天至第 18 天的學習成果，展開對話。

4. 當對方跟你分享觀點和感受時，肯定對方所言。

5. 接著，分享自己的意見。
   • 找出能與對方分享內容並產生共鳴的方式。
   • 接著，針對該主題或相關議題，分享你的想法。

6. 今天，至少和 5 位不同的對象，重複此練習 5 次。

選讀：作為參考，請翻閱第 14 章，〈學會聊自己的故事，把聊天變有趣〉。

---------- 第 ㉕ 天 ----------

少用無趣字眼，多表達感受

目標：留好印象。

行動建議：分享你的感受。

動機暖暖身：首先，請以你的願景、心中的為什麼與信念，來提醒自己。將一切具象化，用心感受，然後打從心底相信。

思維模式暖暖身：獨自大聲說話五分鐘（請參閱第5天），降低腦中過濾器的強度。

昨天，你列出了自己的意見並練習和別人分享它們。話說回來，在引起共鳴方面，「感受」就跟意見同樣重要。今天，我們將練習如何將此帶入到你的對話中。

1. 離開家裡，前往人潮洶湧的公共場合，如辦公室、商場、超市、市中心等。

2. 四處走動，並和任意對象打招呼。

3. 利用你從第7天至第18天的學習成果，展開對話。

4. 當對方跟你分享自己的觀點和感受時，肯定對方所言。

5. 接著，分享自己的意見。

6. 為了融入你的感受，請多用能表達情緒的詞彙。下面是幾則範例：

   - 「我愛……」
   - 「我討厭……」
   - 「太令人興奮了……」
   - 「我真的很焦慮……」
   - 「只要……我就會很不高興」

7. 減少中立和無趣的字眼，多用帶有情緒經驗的用語！

8. 今天，至少和5位不同的對象，重複此練習5次。

選讀：作為參考，請翻閱第14章，〈學會聊自己的故事，把聊天變有趣〉。

---------- 第 ㉖ 天 ----------

搜集有趣的題材，說個小故事

目標：留好印象。

行動建議：說個小故事。

動機暖暖身：首先，請以你的願景、心中的為什麼與信念，來提醒自己。將一切具象化，用心感受，然後打從心底相信。

思維模式暖暖身：獨自大聲說話五分鐘（請參閱第5天），降低腦中過濾器的強度。

具備說故事的能力，是留下印象的絕佳方法。畢竟，講故事不僅能吸引其他人，也能讓對方進入你的世界。儘管這或許需要付出一些努力，但成果絕對值回票價。而其中的訣竅就是：留心，記住，然後複述。下面是執行的方法：

1. 今天，專心做個觀察者。注意自己及他人的感受，並觀察周圍發生了什麼事。

2. 假如某件有趣或好玩的事情發生了，紀錄下來。紀錄非常重要。請隨身攜帶一本筆記本或使用手機上的 Evernote。請確保自己寫下充足的細節，好讓你之後可以有條理地複述。下面是幾則摘錄自我個人筆記的範例：

   - 「凱西為了控制食慾，所以先吃了晚餐才出門。結果最後她總共吃了兩份晚餐。」
   - 「湯瑪斯激動地切著自己的生日蛋糕，眾人驚恐地看著他。」

3. 在今天的尾聲，複習自己的筆記。

4. 針對每一則筆記，運用「背景、衝突與結果」架構，來安排故事。下面是範例：

   - 背景：「所以我的朋友凱西在到餐廳跟我們碰面之前，先吃了晚餐……」
   - 衝突：「她為了減重，正在節食。」
   - 結果：「最後她一共吃了兩頓晚餐。哈哈！」

5. 繼續搜集這些故事，記在腦中，等時機適當就拿出來使用！

選讀：作為參考，請翻閱第14章，〈學會聊自己的故事，把聊天變有趣〉。

第 ㉗ 天

以肢體動作釋放訊號，優雅離場

目標：留好印象。

行動建議：優雅離場。

動機暖暖身：首先，請以你的願景、心中的為什麼信念，來提醒自己。將一切具象化，用心感受，然後打從心底相信。

思維模式暖暖身：獨自大聲說話五分鐘（請參閱第5天），降低腦中過濾器的強度。

請記住，最終印象總是留得更深，具有深遠且長期的影響。所以說，你如何結束對話，遠比你怎麼開啟話題來得重要。最終印象將決定別人如何記住你。

1. 離開家裡，前往人潮洶湧的公共場合，如辦公室、商場、超市、市中心等。

2. 四處走動，並和任意對象打招呼。

3. 運用簡單好用的四大聊天開場技巧（請見第9天至第12天），和別人展開對話。

4. 進入偵探模式，展現對他人的好奇心。

5. 發現對方生活中的事實。

6. 繼續保持你的好奇心，察覺對方的意見與感受。

7. 肯定對方所言。

8. 分享你的意見、感受與小故事。

9. 如有需要，再次重複第五至第八步驟。

10. 在氣氛最熱絡的時刻，碰觸對方的手臂約兩秒。

11. 再萬分遺憾地離開，並解釋你必須走了。例如：

- 「我必須去跟⋯⋯談話」
- 「我得去照顧⋯⋯」
- 「我答應自己一定會⋯⋯」

12. 以未完待續的懸念，結束話題。下面是幾則範例：

- 「提醒我跟你說⋯⋯」
- 「有機會我一定要向你展示某些超棒的東西。」

13. 就這麼簡單！

14. 今天，至少和5位不同的對象，重複此練習5次。

選讀：作為參考，請翻閱第11章，〈終結尬聊！掌握結束聊天的時機與方式〉。

尷尬退散！從對話中找線索

目標：避免尷尬的沉默。

行動建議：從對話中找線索。

動機暖暖身：首先，請以你的願景、心中的為什麼與信念，來提醒自己。將一切具象化，用心感受，然後打從心底相信。

思維模式暖暖身：獨自大聲說話五分鐘（請參閱第5天），降低腦中過濾器的強度。

今天，你將練習從對話中找線索的技巧。這項簡單的技能可以確保對話繼續發展，還能在你大腦陷入一片空白、不知道該說些什麼的情況下，助你避開那令人尷尬的沉默。

1. 離開家裡，前往人潮洶湧的公共場合，如辦公室、

商場、超市、市中心等。

2. 四處走動，並和任意對象打招呼。

3. 運用簡單好用的四大聊天開場技巧（請見第9天至第12天），和別人展開對話。

4. 進入偵探模式，對他人抱持好奇心。

5. 在對方說話的同時，留心那些引起你興趣的字詞、議題或想法。任何讓你靈光一閃的內容都可以。

6. 任何一句話裡，都有取之不盡，用之不竭的線索可供你發揮。比方說，假如某人說，「**這座鎮**上有我**這輩子**吃過**最好吃的披薩**。」那麼你就可以去討論：

   - 怎麼樣才稱得上是「最棒的披薩」。
   - 不同種類的披薩。
   - 披薩上的料。
   - 你腦中某段關於披薩的故事或回憶。
   - 你或對方曾經品嘗過披薩的地方。
   - 你所在的小鎮。
   - 鎮上其他可以用餐的地方。

7. 由於這些內容都與原本的話題有關，不管你聊哪一點，都不會顯得突兀，還能延續對話。這麼做不僅自然，也能讓話題繼續展開。

8. 今天，至少和5位不同的對象，重複此練習5次。

　　想看看實例？請掃描以下QR Code，欣賞實際對話的詳細分解。（按：這段影片為主持人佛格森與演員布麗·拉森〔Brie Larson〕對談。影片一開始，拉森聊到的內容中，有Acai bowls〔巴西莓果碗〕、Berries〔莓果〕、Look younger〔看起來更年輕〕、170 years old〔170歲〕等四個線索。雖然佛格森完全沒聽過巴西莓果碗，但他選了「170歲」作為推進對話的線索，並因此延伸到〔長生的〕吸血鬼、電影《暮光之城》等等話題。除此之外，佛格森更運用了手部動作、模仿吸血鬼，來承襲話題，推進對話。）

選讀：作為參考，請翻閱第12章，〈掌握對話線索，告別句點王〉。

呼應話題，一對一或多人談話都適用

目標：避免尷尬的沉默。

行動建議：「呼應」聊過的話題。

動機暖暖身：首先，請以你的願景、心中的為什麼與信念，來提醒自己。將一切具象化，用心感受，然後打從心底相信。

思維模式暖暖身：獨自大聲說話五分鐘（請參閱第5天），降低腦中過濾器的強度。

「呼應」是讓對話繼續下去的絕佳工具。更棒的是，它還能創造出只屬於你們的內部笑話。這在一對一或多人談話中，都適用。而它最基本的概念，就是在不同的情境內容下，重提或「呼應」之前講過的議題。

1. 離開家裡，前往人潮洶湧的公共場合，如辦公室、

商場、超市、市中心等。

2. 四處走動，並和任意對象打招呼。

3. 運用簡單好用的四大聊天開場技巧（請見第9天至第12天），和別人展開對話。

4. 如同尋找對話中的線索，在對話期間，尋找那些你能把握住的關鍵字詞或想法。真的任何內容都可以。下面是幾則示範：

    • 他們「超愛運動衫」。

    • 他們說「同時」這個詞的語調超搞笑。

    • 他們相信「一見鍾情」。

5. 當對話轉移到不同的話題上，重新拿出這個點子。下面是幾項範例：

    • 「我打賭你此刻就能用上一件運動衫。」

    • 在一個句子中使用「同時」，且語氣也跟對方一樣。

    • 「這就跟一見鍾情一樣。」

6. 欣賞一些真實對話，或許會對你有所幫助。請掃描後文的 QR Code，欣賞影片解析。（按：影片中，為主持人佛格森跟三個不同對象的訪談片段。而在訪談中，即使他們結束了一個話題，內容繼續推進以

後，佛格森還是會在適當時機，提及受訪者之前講過的內容，分別是「Star Trek」〔《星際爭霸戰》〕、「Potato」〔馬鈴薯〕、「媽媽開車的故事」，達到完美的前後呼應。）

選讀：作為參考，請翻閱第13章，〈用「專屬於你們的笑話」，越聊越有默契〉。

好好享受聊天的樂趣

目標：開始跟任何人對話，創造共鳴，留下美好的印象。

行動建議：享受吧！

動機暖暖身：首先，請以你的願景、心中的為什麼與信念，來提醒自己。將一切具象化，用心感受，然後打從心底相信。

思維模式暖暖身：獨自大聲說話五分鐘（請參閱第5天），降低腦中過濾器的強度。

恭喜你！你撐到〈30天全方位閒聊指引〉的**最後**一天了！你簡直棒呆了！既然今天是最後一天，就讓我們用上所有你學到的技巧，然後盡情享受吧。不需要過度思考，也不必鎖定任何目標。單純地和別人聊天，然後樂在其中。下面是這30天所有步驟的摘要，以備不

時之需：

1. 離開家裡，前往人潮洶湧的公共場合，如辦公室、商場、超市、市中心等。

2. 四處走動，並和任意對象打招呼。

3. 運用簡單好用的四大聊天開場技巧（請見第9天至第12天），和別人展開對話。

4. 進入偵探模式，展現對他人的好奇心。

5. 發現對方生活中的事實。

6. 繼續保持你的好奇心，察覺對方的意見與感受。

7. 肯定對方所言。

8. 分享你的意見、感受與小故事。

9. 如有需要，再次重複第五至第八步驟。

10. 優雅離開對話現場。

11. 請記得，樂在其中！

12. 想跟多少人聊天，就跟多少人聊天。

參考資料

CHAPTER 1　聊天，是人際關係的起點

1. Marcus E. Raichle, Ann Mary MacLeod, Abraham Z. Snyder, William J. Powers, Debra A. Gusnard, and Gordon L. Shulman, "A Default Mode of Brain Function," Proceedings of the National Academy of Sciences of the United States of America 98, no. 2 (2001): 676–82, https://doi.org/10.1073/pnas.98.2.676.

2. "New Research Shows Women Are Better at Using Soft Skills Crucial for Effective Leadership and Superior Business Performance, Finds Korn Ferry Hay Group," Korn Ferry, March 4, 2016, https://www.kornferry.com/press/new-research-shows-women-are-better-at-using-soft-skills-crucial-for-effective-leadership.

CHAPTER 2　用聊天，改變你的人生

1. Oscar Ybarra, Eugene Burnstein, Piotr Winkielman,

Matthew C. Keller, Melvin Manis, Emily Chan, and Joel Rodriguez, "Mental Exercising through Simple Socializing: Social Interaction Promotes General Cognitive Functioning," *Personality and Social Psychology Bulletin* 34, no. 2 (2008): 248–59, https://doi.org/10.1177/0146167207310454; Oscar Ybarra, Piotr Winkielman, Irene Yeh, Eugene Burnstein, and Liam Kavanagh, "Friends (and Sometimes Enemies) with Cognitive Benefits: What Types of Social Interactions Boost Executive Functioning?," *Social Psychological and Personality Science* 2, no. 3 (2011): 253–61, https://doi.org/10.1177/1948550610386808.

2. Adele Diamond, "Executive Functions," *Annual Review of Psychology* 64 (2013): 135–68, doi:10.1146/annurev-psych-113011-143750.

CHAPTER 3　終結聊天緊張，提升社交成功率

1. Darya Gaydukevych and Nancy L. Kocovski, "Effect of Self-Focused Attention on Post-event Processing in Social Anxiety," *Behaviour Research and Therapy* 50, no. 1

(2012): 47–55, https://doi.org/10.1016/j.brat.2011. 10.010.

2. Jane M. Spurr and Lusia Stopa, "Self-Focused Attention in Social Phobia and Social Anxiety," *Clinical Psychology Review* 22, no. 7 (2002): 947–75, https://doi.org/10.1016/ S0272-7358(02)00107-1.

3. Susan T. Fiske, "Envy Up, Scorn Down: How Comparison Divides Us," *American Psychologist* 65, no. 8 (November 2010): 698–706, doi:10.1037/0003-066X.65.8.698.

4. Judith B. White, Ellen J. Langer, Leeat Yariv, and John C. Welch IV, "Frequent Social Comparisons and Destructive Emotions and Behaviors: The Dark Side of Social Comparisons," *Journal of Adult Development* 13, no. 1 (March 2006): 36–44, https://doi.org/10.1007/s10804- 006-9005-0.

5. Jessica Dore, "This Is Why Small Talk Makes Some People So Anxious," *Tonic* (blog), *Vice*, June 19, 2018 (2:56 p.m.), https://tonic.vice.com/en_us/article/mbknqv/ this-is-why-small-talk-makes-some-people-so-anxious.

CHAPTER 4　打造社交自信，和誰都能聊得來

1. Jay Van Bavel, "The Dark Side of Power Posing: Cape or Kryptonite?," *Mind Guest Blog, Scientific American*, November 21, 2013, https://blogs.scientificamerican.com/mind-guest-blog/the-dark-side-of-power-posing-cape-or-kryptonite/.

2. Joseph Cesario and Andy Henion, "Eleven New Studies Sug- gest 'Power Poses' Don't Work," *MSUToday*, September 10, 2017, https://msutoday.msu.edu/news/2017/eleven-new-studies-suggest-power-poses-dont-work/.

3. Joanne V. Wood, W. Q. Elaine Perunovic, and John W. Lee, "Positive Self-Statements: Power for Some, Peril for Others," *Psychological Science* 20, no. 7 (2009): 860–66, https://doi.org/10.1111/j.1467-9280.2009.02370.x.

4. https://link.springer.com/article/10.1007/s11031-015-9499-5

CHAPTER 7　掌握完美聊天的關鍵鐵則

1. Diana I. Tamir and Jason P. Mitchell, "Disclosing

Information about the Self Is Intrinsically Rewarding," *Proceedings of the National Academy of Sciences of the United States of America* 109, no. 21 (2012): 8038–43, doi:10.1073/pnas.1202129109.

CHAPTER 9　如何創造融洽的聊天氛圍？

1. Sanjaya S. Gaur, Halimin Herjanto, and Hanoku Bathula, "Does Buyer-Seller Similarity Affect Buyer Satisfaction with the Seller Firm?," *International Review of Retail, Distribution and Consumer Research* 22, no. 3 (2012): 315–35, https://doi.org/10.1080/09593969.2012.682597.

2. Kaitlin Woolley and Ayelet Fishbach, "A Recipe for Friendship: Similar Food Consumption Promotes Trust and Cooperation," *Journal of Consumer Psychology* 27, no. 1 (January 2017): 1–10, https://doi.org/10.1016/j.jcps.2016.06.003.

人際關係，99% 從聊天開始

作　　　者	張達偉（Dan Chang）	
譯　　　者	李祐寧	
主　　　編	呂佳昀	

總 編 輯	李映慧
執 行 長	陳旭華（steve@bookrep.com.tw）

出　　　版	大牌出版／遠足文化事業股份有限公司
發　　　行	遠足文化事業股份有限公司（讀書共和國出版集團）
地　　　址	23141 新北市新店區民權路 108-2 號 9 樓
電　　　話	+886-2-2218-1417
郵撥帳號	19504465 遠足文化事業股份有限公司

封面設計	FE 設計
排　　　版	新鑫電腦排版工作室
印　　　製	博創印藝文化事業有限公司
法律顧問	華洋法律事務所　蘇文生律師

定　　　價	400 元
初　　　版	2024 年 5 月

電子書 E-ISBN
9786267378809（EPUB）
9786267378793（PDF）

國家圖書館出版品預行編目資料

人際關係，99% 從聊天開始／張達偉 著；李祐寧 譯 . --
初版 . -- 新北市：大牌出版，遠足文化發行，2024.05
272 面；14.8×21 公分
ISBN 978-626-7378-90-8（平裝）
1. CST: 溝通技巧　2. CST: 人際關係

177.1　　　　　　　　　　　　　　　　　　　　　　113004706